Buch: 206

1 Ernährung bei TCM - Dickdarm - Trockenheit des Dickdarms

Diese Empfehlungen bitte immer mit Ernährungsberater/in, Arzt oder Diätologen/in absprechen! Die Rezepte und Zutatenlisten unterstützen die medizinischen Therapien.

Die Kalorienangaben frischer Zutaten (Obst und Gemüse) und die Inhaltsstoffe schwanken je nach Qualität und Erntezeit. Die Inhalte wurden von einer Diätologin und einer Ernährungsberaterin für die Traditionelle Chinesische Medizin (TCM) geprüft.

Autor:
©2019 Josef Miligui

AF206412

Quelle:
Die Listen werden aus der EBNS-Datenbank für die Ernährungsberatung generiert. Die Datenbank wird von Ernährungsberater, Therapeuten und Ärzte für die Beratung der Patienten/Klienten verwendet und ermöglicht eine Kombination mehrerer Syndrome.

Literaturliste:
Wir haben die Unterlagen als Wissensbasis genutzt und an unsere Erfahrungen angepasst und ergänzt.
www.ebns.at

Herstellung und Verlag:
BoD – Books on Demand, Norderstedt
ISBN: 9783748129592

2 Therapiestrategie

Körperflüssigkeiten fördern, Hitze reduzieren, Trockenheit befeuchten, Stuhlgang fördern.

3 Vermeiden

*

---

4 Speiseplan

Kkal p. Portion

4.1 Frühstück

4.2   Jause

4.3   Mittag

4.4 Nachmittag

4.5 Abend

4.6   Jederzeit

5 Rezepte

empfehlenswert = Sie können mehr verwenden, weniger = wenn möglich weniger verwenden.
TL=Teelöffel, EL=Esslöffel, L=Liter, g=Gramm,

5.1 8 Schätze Reis

Stärkt Niere und Blase, Baut Qi auf, Stärkt die Milz, Vertreibt Feuchtigkeit, reduziert innere Hitze, beugt Krebs vor, baut Herz auf, beruhigt Nerven.
Kochzeit 1 Stunde
Kalorien p. Portion: 223
4 Portionen

Zutaten:
Lilienzwiebel 1 EL / 5g. - kühl - süß, bitter.. *
Longane 1 EL / 5g. - warm - süß...ja
Weißwurz 1 EL / 5g. - neutral - süß, bitter..ja
Yamswurzel, Yamswurzelknolle 1 EL / 5g. - neutral - süß ....ja
Hiobsträne (Samen) YiYi Ren 1 EL / 5g. - kühl - süß, neutral ....ja
Reis Wilder (Naturreis) 2 Tassen / 240g. - neutral - süß, bitter ....ja
Wasser 8-10 Tassen / 800g. - kühl - salzig ....ja

Kochanleitung:
je 1 EL: Bai He (Lilienzwiebel), Longan (Longane/Drachenaugenfrucht), Yu Zhu (Wohlriechender Weißwurz-Wurzelstock), Da Zao, Shan Yao (Yamswurzel, Yamswurzelknolle), Lian Mi, Yi Yi Ren (Samen der Hiobsträne), Qian Shi (Makannasternsamen)

Mit heißem Wasser übergießen und ca. 30 Min einweichen. Anschließend: 1 – 2 Tassen Reis (normal) hinzufügen und ½ bis 1 Stunde köcheln, bis der Reis sehr weich ist. Oder: Mit Vollwertreis ca. 3 Stunden lang mit den Kräutern ein Congee kochen. Dann müssen die Kräuter nicht eingeweicht werden.

5.2 Antipasti

Kühlt und bewegt Blut, reduziert äußeren und inneren Wind, reduziert innere Hitze, kühlt Hitze, reduziert Schleim, entspannt, verteilt, nährt Leber-Yin.
Kochzeit 40 min.
Kalorien p. Portion: 301
1 Portion

Zutaten:

Peperoni 1 Stück / 5g. - heiß - bitter...ja
Zitrone Saft 1 EL / 10g. - kalt - sauer ....ja
Aubergine 1 Stück / 300g. - kühl - süß ....ja
Tomate 4 Stück / 200g. - kalt - süß-sauer ....ja
Zucchini 200 g. / 200g. - kühl - süß.......................................empfehlenswert
Zitrone Schale 1/2 Stück / 3g. - kühl - bitter ....ja
Olivenöl 1 EL / 15g. - kühl - süß..ja
Basilikum (frisch) 8 Blätter / 5g. - warm - scharf, bitter..................................ja
Salz 1 Prise / 0,5g. - kalt - salzig... wenig
Koriander 1/2 TL / 2g. - warm - scharf...ja

Kochanleitung:

Peperoni im auf 250 Grad vorgeheizten Ofen backen bis die Schale dunkel wird (ca. 20 Min.). Die Peperoni mit Klarsichtfolie zudecken und auskühlen lassen. Peperoni enthäuten und in ca. 2 cm breite Streifen schneiden. Tomaten halbieren und gemeinsam mit den in Scheiben geschnittenen Auberginen mit Öl bestreichen und im Ofen bei 200 Grad goldbraun backen (ca. 10 Min.)
Zucchinischeiben in Grillpfanne (ohne Fett) anbraten.
Alles zusammen anrichten, die Marinade aus Olivenöl, Salz und Zitronenschale mischen und über das Gemüse gießen, mit Koriander bestreuen. 1 Std. ziehen lassen.

5.3 Artischockensuppe

Kühlt Hitze, nährt Herz, Magen und Lungen Yin.
Kochzeit 40 min.
Kalorien p. Portion: 142
3 Portionen
Allergene: GLN

Zutaten:

Artischocke 4 Stück / 400g. - kühl - süß, bitter ....ja
Butter Bio 1 EL / 20g. - neutral - süß.. wenig
Zwiebel Schalotte 1 Stück / 20g. - warm - scharf, süß ....ja
Mais Mehl (Maizena) 1 EL / 10g. - neutral - süß .... wenig
Muskatnuss 1 Prise / 0,5g. - warm - scharf..ja
Grundrezept für eine Gemüsebrühe nahrhaft 1/4 Liter / 250g. - neutral - *.....ja
Salz 1 Prise / 0,5g. - kalt - salzig... wenig
Zitrone 1/4 Stück / 8g. - kalt - sauer ....ja
Zitrone Schale 1/4 Stück / 1g. - kühl - bitter ....ja
Kurkuma (Gelbwurz) 1 Prise / 1g. - warm - bitter ....ja
Sesam Paste (Tahini) 1 EL / 10g. - kühl - ....ja
Sesam, Weißer 1 TL / 10g. - neutral - süß.............................empfehlenswert

Kochanleitung:
Artischocken in gut 2 Liter Wasser mit Salz kochen bis die
Aussenblätter leicht abgehen. Blätter und Blütenmitte (Faserig)
entfernen so dass nur der Boden übrigbleibt.
Butter zerlassen, Zwiebel klein schneiden und sanft dünsten; etwas
Maismehl, Muskat zugeben; mit Gemüsebrühe aufgießen; Salz, etwas
Zitronenschale und -saft, Kurkuma und Artischockenböden hinzufügen,
weich kochen und pürieren; am Ende mit Tahin abschmecken und vor
dem Servieren mit Sesam bestreuen.

5.4 Avocado mit Zitrone

Nährt Yin von Leber, Lunge und Dickdarm, befeuchtet, verteilt, kühlt
Hitze, bewahrt die Säfte, zieht zusammen.
Kochzeit 5 Min.
Kalorien p. Portion: 289
1 Portion

Zutaten:
Avocado 1/2 Stück / 120g. - kalt - süß .... ja
Zitrone Saft 1/2 Stück / 10g. - kalt - sauer .... ja
Salz 1 Prise / 1g. - kalt - salzig .... wenig

Kochanleitung:
Avocado halbieren, Kern entfernen, Zitronensaft hineingießen, salzen
und auslöffeln.

5.5 Bärlauch-Knödel

Stärkt Qi, stärkt Milz, Nährt Leber-Yin, kühlt Hitze, produziert
Körpersäfte. Nährt Blut und Yin.
Kochzeit 30 Min.
Kalorien p. Portion: 906
4 Portionen
Allergene: ACG

Zutaten:
Kartoffel (mehlige) 500 g. / 500g. - neutral - süß..ja
Bärlauch (Knoblauchspinat) 200 g / 200g. - warm - süß, etwas scharf..........ja
Butter (halbfett) 40 g. / 40g. - neutral - süß .... wenig
Weizen Mehl 150 g. / 150g. - kühl - süß, salzig...ja
Weizen Gries 50 g. / 50g. - kühl - süß, salzig...ja
Huhn Eigelb 2 Stück / 20g. - neutral - süß... wenig
Zwiebel weiss 1 Stück / 50g. - warm - scharf...ja
Butter (halbfett) 10 g. / 10g. - neutral - süß .... wenig
Tomate 200 g / 200g. - kalt - süß-sauer ....ja
Zucker (weiß, aus Rüben) 1 Prise / 1g. - kalt - süß................................. wenig
Pute Schinken 250 g. / 250g. - warm - süß .... wenig
Olivenöl 1 EL / 10g. - kühl - süß..ja
Parmesan 50 g. / 50g. - salzig - süß ....ja
Salz 1 Prise / 1g. - kalt - salzig... wenig
Pfeffer gemahlen 1 Prise / 0,5g. - warm - scharf..*
Muskatnuss 1 Prise / 0,5g. - warm - scharf..ja

Kochanleitung:
Kartoffeln in Salzwasser kochen, schälen und noch heiß durch die
Presse drücken. Frischen Bärlauch: waschen, putzen und kurz in
sprudelnd kochendes Salzwasser tauchen (blanchieren). Kalt
abschrecken und ausdrücken. Den Bärlauch grob hacken. Getrockneter
Bärlauch: ca. 100g Bärlauch in 100g Wasser 10 Min weichen lassen
und mit dem Wasser verwenden.

50g der Butter schmelzen. Mehl, Grieß, Eigelbe und flüssige Butter mit
der Kartoffelmasse vermischen, Bärlauch einkneten.
Mit Salz und Pfeffer und geriebener Muskatnuss würzen und die Masse
etwa 15 Minuten ruhen lassen.

Zwiebel abziehen, fein hacken und in der restlichen Butter andünsten.
Kleingeschnittene Tomaten dazugeben, einige Minuten köcheln lassen,
mit Salz und Pfeffer und Zucker würzen.

Aus der Kartoffelmasse pro Person 3 Knödel formen. In Salzwasser
etwa 15 Minuten ziehen lassen.

In der Zwischenzeit den Schinken in Öl leicht braten. Den Käse reiben.
Knödel abtropfen lassen, mit dem Schinken, der Tomatensauce und
geriebenem Käse servieren.

5.6 Bärlauch-Pesto

Bewegt Qi, entgiftet, baut Blut auf, befeuchtet Lunge und Dickdarm.
Kochzeit 10 Min.
Kalorien p. Portion: 796
2 Portionen
Allergene: G

Zutaten:
Bärlauch (Knoblauchspinat) 125 g. / 125g. - warm - süß, etwas scharf .... ja
Parmesan 30 g. / 30g. - salzig - süß .... ja
Pinienkerne 50 g. / 50g. - neutral - süß .... ja
Olivenöl 125 g. / 125g. - kühl - süß .... ja
Salz 1 Prise / 1g. - kalt - salzig .... wenig
Pfeffer gemahlen 1 Prise / 0,3g. - warm - scharf .... *

Kochanleitung:
Frischer Bärlauch: Waschen Sie die Bärlauchblätter und trocknen sie
diese vorsichtig ab. Schneide die Bärlauchblätter in feine Streifen.
Getrockneter Bärlauch: ca. 80g in 40g Wasser 10 Minuten quellen
lassen.
Röste Sie vorsichtig die Pinienkerne. Die Pinienkerne sollten nach dem
Rösten hellbraun sein. Schneide die Pinienkerne mit einem grossen
Messer sehr fein oder reiben sie sie mit einer Nussmühle. Einige der
Kerne aufheben, um später das Pesto zu dekorieren. Alle Zutaten in ein
hohes Gefäß geben und mit einem Mixstab zerkleinern und
vermischen. Füllen Sie das Pesto in eine Schüssel oder in ein Glas. Im
Kühlschrank hält sich das Pesto eine Weile (Tage bis Wochen) und ist
daher eine Möglichkeit, Bärlauch haltbar zu machen. Man kann
Bärlauch-Pesto als Soße zu Spaghetti essen, aber auch zu Kartoffeln
oder auf Brot schmeckt es gut.

5.7 Basmatireis + Zucchini-Tofupfanne

Diuretisch, wandelt Schleim um, reduziert Hitze, baut Qi auf. Nährt
Säfte, harmonisiert Milz und Magen, stärkt Lungen Qi.
Kochzeit 20 min.
Kalorien p. Portion: 146
4 Portionen
Allergene: E

Zutaten:
Soja Tofu 250 g. / 250g. - kühl - süß .... ja
Olivenöl 2 EL / 6g. - kühl - süß .... ja
Koriander 1/2 TL / 4g. - warm - scharf .... ja
Ingwer frisch 1/2 TL / 4g. - warm - scharf .... ja
Reis Basmatireis 1/2 Tasse / 60g. - neutral - süß .... wenig
Wasser 3 Tassen / 200g. - kühl - salzig .... ja
Zucchini 1 Stück / 700g. - kühl - süß .... empfehlenswert

Kochanleitung:
Tofu würfelig schneiden und mit Olivenöl, Tamari, zerstoßenem
Koriander und Ingwer marinieren. Mindestens 1 Stunde ziehen lassen.
Basmatireis mit dem Wasser kochen. Eventuell mit Zwiebel und
Kardamom würzen.
Zucchini und Tofu in Pfanne im heißem Öl ca. 5-7 min anrösten.
Reis und Tofu mit Zucchini getrennt auf Teller servieren.
Petersilie dazugeben.

Kann kalt auch als Salat für zuhause und unterwegs genommen
werden.

5.8 Birchermüsli

Befeuchtet Trockenheit.
Kochzeit 2 Stunden
Kalorien p. Portion: 383
1 Portion
Allergene: AGH

Zutaten:
Müsli 2 EL / 20g. - - .... empfehlenswert
Hafer Flocken (Vollkorn) 2 EL / 20g. - warm - süß .... empfehlenswert
Joghurt (natur, 3,5 % Fett) 6 EL / 80g. - kühl - sauer .... ja
Zitrone 1 EL / 10g. - kalt - sauer .... ja
Acerola Fruchtnektar oder Pulver 1/2 TL / 1g. - warm - sauer .... wenig
Apfel (sauer) 1 Stück / 170g. - kühl - sauer .... wenig
Haselnüsse 1 EL / 10g. - neutral - süß .... ja

Kochanleitung:
Haferflocken einige Stunden im Kühlschrank im Joghurt einweichen.
Nüsse reiben, Zitronensaft, Acerola, geriebenem Apfel und hinzugeben.
Zum süßen können Rosinen verwendet werden.

5.9 Birnen Kompott

Befeuchtet Lunge, reduziert Lungenschleim, nährt Lungen Qi.
Kochzeit 20 min
Kalorien p. Portion: 100
3 Portionen

Zutaten:
Wasser 2 Tassen / 240g. - kühl - salzig ....ja
Birne 4 Stück / 500g. - kühl - süß, sauer ....ja

Kochanleitung:
Bio-Birnen halbieren. Kerne und Haut können verwendet werden. Birne
in den Topf geben und Wasser dazu. Bis zu 20 min
köcheln, bis Birnen weich sind.

5.10 Birnensaft

Befeuchtet Lunge, reduziert Lungenschleim, nährt Lungen Qi.
Kochzeit 5 min.
Kalorien p. Portion: 180
2 Portionen

Zutaten:
Birne 3 Stück / 600g. - kühl - süß, sauer ....ja

Kochanleitung:
Birnen dünn schälen (Vitamine unter der Schale) und entkernen. In der
Saftpresse entsaften.

5.11 Bittergurke mit Tomate Gemüse

Reduziert innere Hitze. Nährt Leber-Yin, befeuchtet Trockenheit.
Reguliert Qi, löst Stagnation, leitet nach oben.
Kochzeit 30 Min.
Kalorien p. Portion: 176
2 Portionen
Allergene: G

Zutaten:

Gurke (bitter) 2 Stück / 250g. - kalt - bitter .... ja
Tomate 2 Stück / 200g. - kalt - süß-sauer .... ja
Joghurt (natur, 3,5 % Fett) 4 EL / 40g. - kühl - sauer .... ja
Maiskeimöl 3 EL / 20g. - neutral - süß.. wenig
Zitrone 1 Stück / 5g. - kalt - sauer .... ja
Knoblauch 4 Stück / 5g. - heiß - scharf .... ja
Ingwer frisch 10 g. / 10g. - warm - scharf .... ja
Chili (Schote oder gemahlen) 2 g. / 2g. - heiß - scharf.............................. ja
Koriander 1 EL / 5g. - warm - scharf .... ja
Kardamom 1 EL / 5g. - warm - scharf .... ja
Cumin (Kreuzkümmel) 1 EL / 5g. - warm - scharf .... ja
Safran 1 g. / 1g. - neutral - süß .... ja
Salz 1 Prise / 1g. - kalt - salzig .... wenig
Pfeffer gemahlen 1 Prise / 0,5g. - warm - scharf.. *

Kochanleitung:
Die Bittergurke halbieren, entkernen und in Streifen schneiden. Dann in kleine Würfel schneiden. Die Tomaten klein schneiden. Die Chilischote in dünne Ringe schneiden. Den Knoblauch fein schneiden. Den Ingwer schälen und fein schneiden.
In einem Topf mit dem Öl, die Bittergurken unter rühren anbraten. Tomaten, Knoblauch, Ingwer und Salz dazugeben. 15 Minuten köcheln lassen. Die Gewürze und den Zitronensaft unterrühren.

Dazu passt Reis oder Kartoffeln.

5.12 Blattsalat mit Frischkäse

Stärkt Herz und Nieren Yin.
Kochzeit 5 min.
Kalorien p. Portion: 498
1 Portion
Allergene: AFM

Zutaten:

Blattsalate (bitter) 2 Portionen / 60g. - neutral - süß, bitter............................ja
Frischkäse aus Soja 150 g. / 150g. - neutral - .... ja
Senf 1 Messerspitze / 1g. - warm - .... ja
Zitrone Saft 1 Schuss / 3g. - kalt - sauer .... ja
Salz 1 Prise / 1g. - kalt - salzig .... wenig
Pfeffer gemahlen 1 Prise / 0,5g. - warm - scharf.. *
Kräuter verschiedene 2 TL / 4g. - - * .... ja
Schwarzkümmel 1 Prise / 1g. - warm - scharf, süß....................................... ja
Vollkornbrot 2 Scheiben / 40g. - - ....empfehlenswert

Kochanleitung:
Blattsalat waschen und fein zupfen.
150 ml Frischkäse, Spritzer Senf, Spritzer Zitronensaft, 1 Zehe
Knoblauch, gehackte frische Kräuter, Prise Pfeffer und zerstoßenem
Schwarzkümmel verrühren und drüber gießen. Dazu Vollkornbrot
servieren.

5.13 Blitzschnelle Zucchinisuppe

Reduziert Schleim, bewahrt die Säfte, stärkt Magen Qi.
Kochzeit 10 min
Kalorien p. Portion: 42
4 Portionen

Zutaten:
Zucchini 2-3 Stück / 500g. - kühl - süß ....empfehlenswert
Zwiebel weiss 1 Stück / 50g. - warm - scharf ....ja
Maiskeimöl 2 EL / 6g. - neutral - süß... wenig
Petersilie 1 EL / 7g. - warm - bitter ....ja
Lauchzwiebel Schnittlauch 1 TL / 3g. - warm - scharf ....ja
Wasser 1/2 Liter / 400g. - kühl - salzig ....ja

Kochanleitung:
Gehackte Zwiebel in Öl andünsten. In Scheiben geschnittene Zucchini
dazugeben und gut andünsten. Mit Wasser aufgießen. Petersilie und
Schnittlauch grob hacken, hinzufügen und alles pürieren.

5.14 Bratapfel

Befeuchtet Trockenheit, bewahrt die Säfte. Befeuchten Lunge und
Dickdarm.
Kochzeit 30 Min.
Kalorien p. Portion: 408
4 Portionen
Allergene: GH

Zutaten:
Apfel (sauer) 4 Stück / 500g. - kühl - sauer ....ja
Haselnüsse 50 g. / 50g. - neutral - süß ....ja
Mandeln 50 g. / 50g. - neutral - süß ....ja
Vanillezucker natur 1 Paket / 3g. - neutral - süß .... wenig
Kuhmilch (Vollmilch 3,5 % Fett) 2 EL / 24g. - neutral - süß...........ja
Zucker (Staubzucker) 3 EL / 36g. - kalt - süß............................ wenig
Zimtpulver 1 Prise / 1g. - heiß - scharf, süß ....ja
Joghurt Vanille 3 Becher / 750g. - kühl - sauer ....ja

Kochanleitung:
Die Äpfel waschen, einen Deckel abkappen, Kerngehäuse mit einem
Teelöffel ausstechen so dass unten der Apfel dicht bleibt. Nüsse,
Mandelstifte, Fruchtzucker, Milch, Vanillezucker, Zimt gut vermischen.
Masse in die Äpfel füllen. Die Deckel wieder aufsetzen. Im vorgeheizten
Backofen bei 180 C° ca. 20 Min. backen. Staubzucker und Zimt
mischen.
Vanille-Joghurt auf Teller verteilen, jeweils 1 Bratapfel darauf setzen,
mit Zimt-Staubzuckermischung bestreuen. Sofort heiß servieren!

5.15 Brokkolicrèmesuppe

Nährt Lungen-Yin, produziert Körpersäfte. Stärkt Milz und Leber.
Befeuchtet, reduziert Kälte-Übel, weicht Knoten auf.
Kochzeit 30 min.
Kalorien p. Portion: 98
6 Portionen
Allergene: LO

Zutaten:
Olivenöl 2-3 EL / 7g. - kühl - süß..ja
Brokkoli 500 g. / 500g. - kühl - süß..ja
Karotte (Mohrrübe, Möhre) 2 Stück / 150g. - neutral - süß..........................ja
Kartoffel 2 Stück / 120g. - neutral - süß...ja
Zwiebel weiss 1 Stück / 50g. - warm - scharf...ja
Wasser 1 Tasse / 50g. - kühl - salzig..ja
Grundrezept für eine Gemüsebrühe nahrhaft 1/2 Liter / 500g. - neutral - *.....ja
Weißwein 1/8 Liter / 125g. - kühl - süß, bitter, scharf............................ wenig
Salbei 1 TL / 2g. - kühl - bitter, scharf..ja
Rosmarin 1 TL / 2g. - warm - bitter...ja
Pfeffer gemahlen 1 Prise / 0,5g. - warm - scharf.. *
Salz 1 Prise / 1g. - kalt - salzig.. wenig

Kochanleitung:
Olivenöl in die Pfanne geben, den gewaschenen und in Stücke
geschnittenen Brokkoli, gewürfelte Karotten und Kartoffel dazugeben,
kurz andünsten, klein geschnittene Zwiebel dazugeben, mit Wasser
auffüllen, soviel Wasser, dass das Gemüse mind. 3 Fingerbreit bedeckt
ist. Mit Bouillon aufgießen, salzen, ganz wenig Weißwein dazugeben,
geschnittener Salbei und Rosmarin dazugeben.
Aufkochen lassen und dann auf kleinem Feuer ca. 25 Minuten köcheln
lassen. Mit Pfeffer würzen, evt. noch mit Meersalz nachwürzen. Die
Suppe pürieren.

5.16 Brokkoli-Parmesan-Aufstrich auf Toastbrot

Produziert Körpersäfte, nährt Yin allgemein.
Kochzeit 15 Min.
Kalorien p. Portion: 148
2 Portionen
Allergene: AG

Zutaten:

Brokkoli 200 g / 200g. - kühl - süß...ja
Topfen 20% 80 g. / 80g. - kühl - sauer ....ja
Joghurt (natur, 1,5 % Fett) 1 EL / 10g. - kühl - sauer ....ja
Parmesan 2 EL / 15g. - salzig - süß..ja
Zitrone Schale 1/2 TL / 1g. - kühl - bitter ....ja
Basilikum (frisch) 1 EL / 5g. - warm - scharf, bitter......................................ja
Lauchzwiebel Schnittlauch 1 EL / 5g. - warm - scharf..................................ja
Salz 1 Prise / 1g. - kalt - salzig.. wenig
Pfeffer gemahlen 1 Prise / 0,3g. - warm - scharf..*
Toastbrot (Vollkorn) 6 Scheiben / 24g. - kühl - ....ja

Kochanleitung:
Brokkoli zugedeckt in einem Siebeinsatz über Wasserdampf in 8
Minuten bissfest garen. Brokkoli fein hacken.
Topfen, Joghurt, Parmesan und Zitronenschale gut verrühren.
Käsecreme mit Brokkoli, Basilikum und Schnittlauch vermischen. Den
Aufstrich mit Salz und Pfeffer abschmecken. Auf dem knusprig
getoasteten Toastbrot servieren.

5.17 Bulgur mit Tomaten und frischen Kräutern

Sehr erfrischend baut Säfte auf. Nicht: bei Feuchtigkeit. bei Nieren- und
Herz-Yin-Mangel, bei Yang-Fülle; bei Schlaf Störungen, innerer Unruhe;
Kochzeit 30 min.
Kalorien p. Portion: 205
1 Portion
Allergene: A

Zutaten:

Bulgur (Getreide) 1 Tasse / 120g. - neutral - sauer..ja
Tomate 2 Stück / 70g. - kalt - süß-sauer ....ja
Rucola Rauke 2 EL / 16g. - kühl - scharf..*
Rosenpaprika 1 Prise / 2g. - warm - bitter..ja
Olivenöl 2 EL / 20g. - kühl - süß ....ja
Pfeffer gemahlen 1 Prise / 0,5g. - warm - scharf...*

Salz 1 Prise / 1g. - kalt - salzig .... wenig
Basilikum 4 Blätter / 2g. - warm - scharf, bitter .... ja
Thymian 1 Zweig / 3g. - warm - bitter .... ja
Zitrone Saft 1/2 Stück / 10g. - kalt - sauer .... ja

Kochanleitung:
Kaltes Wasser in einem Topf aufsetzen; Bulgur hineinstreuen und gar
köcheln; kleingeschnittene Tomaten, frische Kräuter wie Basilikum,
Thymian, Rucola, eine Prise Rosenpaprika, Zitronensaft, einen Schuß
Olivenöl, etwas gemahlenen Pfeffer, etwas Salz unterrühren.

Variante: Etwas Mozzarella im Erdelement dazugeben. Sofern kein Yin-
Mangel besteht, darf es auch Schafskäse im Feuerelement sein.
Empfehlung: ideale Morgenmahlzeit im Sommer; ebenfalls geeignet als
Abendmahlzeit, insbesondere bei Schlafstörungen.

5.18 Bunte toskanische Bohnensuppe

Kühlt Hitze, produziert Körpersäfte. Nähren Yin von Herz und Niere,
entspannt, baut Qi auf, verteilt.
Kochzeit 2 Stunden
Kalorien p. Portion: 249
3 Portionen
Allergene: L

Zutaten:
Nierenbohnen (rote) 50 g. / 50g. - neutral - süß .... empfehlenswert
Kichererbsen 25 g. / 25g. - kühl - süß, salzig .... empfehlenswert
Linsen (Helmbohnen) 25 g. / 25g. - neutral - süß, sauer .... empfehlenswert
Sellerie Stangensellerie 1 Stange / 10g. - kühl - süß .... ja
Tomate 2 Stück / 100g. - kalt - süß-sauer .... ja
Fenchelsamen gemahlen 1/2 TL / 1g. - warm - .... ja
Salz 1 Prise / 1g. - kalt - salzig .... wenig
Pfeffer gemahlen 1 Prise / 0,5g. - warm - scharf .... *
Knoblauch 1 Zehe / 3g. - heiß - scharf .... ja
Olivenöl 3 EL / 50g. - kühl - süß .... ja
Wasser 600 ml. / 500g. - kühl - salzig .... ja
Basilikum (frisch) 5-7 Blätter / 3g. - warm - scharf, bitter .... ja

Kochanleitung:
Hülsenfrüchte einweichen, kochen und pürieren. Gemüse, Gewürze,
Kräuter und Öl zugeben und alles 2 Stunden sanft garen.
Variante: Esskastanien (Maronen) geben dem Gericht noch eine
speziell italienische Note.

5.19 Couscous-Salat

Bewahrt die Säfte. Nährt Blut und Leber, harmonisiert Leber, stärkt Sehkraft, bewahrt die Säfte.
Kochzeit 25 Min.
Kalorien p. Portion: 338
3 Portionen
Allergene: A

Zutaten:
Wasser 250 ml. / 100g. - kühl - salzig .... ja
Olivenöl 1 EL / 15g. - kühl - süß .... ja
Couscous 200 g / 200g. - neutral - sauer .... ja
Zitrone Saft 3 EL / 30g. - kalt - sauer .... ja
Zitrone Schale 1 TL / 2g. - kühl - bitter .... ja
Tomate 2 Stück / 80g. - kalt - süß-sauer .... ja
Gurke 100 g. / 100g. - kalt - süß .... ja
Karotte (Mohrrübe, Möhre) 100 g. / 100g. - neutral - süß .... ja
Petersilie 1 Bund / 100g. - warm - bitter .... ja
Lauchzwiebel Schnittlauch 1 Bund / 100g. - warm - scharf .... ja
Pfefferminze 3 Äste / 30g. - kühl - scharf, bitter .... ja

Kochanleitung:
In einem kleinen Topf 250 ml. Wasser mit Salz und 1 EL Olivenöl zum Kochen bringen. Couscous untermischen, vorn Herd nehmen und zugedeckt 5 Minuten quellen lassen. Couscous zurück auf den Herd geben und bei milder Hitze noch ca. 2 Minuten unter ständigem leichtem Rühren ziehen lassen. Eventuell noch 1- 3 EL heißes Wasser untermischen.
Couscous mit Zitronensaft, kleingehackter Zitronenschale und 1 EL Öl vermischen, mit Salz und Pfeffer abschmecken und etwas durchziehen lassen.
Couscous mit Tomaten, Gurke, Petersilie (alle würfelig geschnitten), Karotten (gerieben), Schnittlauch und Minze (fein gehackt) vermischen.
Couscous-Salat mit Zitronensaft, Salz und Pfeffer abschmecken.

5.20 Dicke Erbsensuppe für den Winter

Nährt Qi, diuretisch, harmonisiert Qi (v.a. im Mittleren und Unteren Erwärmer). Stärkt die Niere und das Abwehr-Qi; erwärmt. Leitet Feuchtigkeit aus.
Kochzeit 2-3 Stunden
Kalorien p. Portion: 123
3 Portionen
Allergene: AN

Zutaten:

Erbse, grün 150 g. / 150g. - neutral - süß...ja
Wasser 600 ml. / 550g. - kühl - salzig ....ja
Sesamöl 1 EL / 20g. - kühl - süß .... wenig
Zwiebel weiss 1/2 Stück / 25g. - warm - scharf ....ja
Ingwer frisch 1/2 TL / 1g. - warm - scharf..ja
Kümmel 1/2 TL / 1g. - warm - scharf ....ja
Hafer Schrot 1 EL / 15g. - warm - süß...empfehlenswert
Salz 1 Prise / 1g. - kalt - salzig.. wenig
Petersilie 1 Stängel / 2g. - warm - bitter ....ja

Kochanleitung:

Erbsen vorher einweichen; in einem heißen Topf Sesamöl, Zwiebel, etwas Haferschrot, Ingwer und Kümmel andünsten; Erbsen zugeben und 2-3 Stunden köcheln; am Schluss Salz zugeben; mit Petersilie garnieren.

5.21 Dinkelgrieß-Brei mit Beeren der Saison

Nährt Säfte, befeuchtet Trockenheit, Schwächezustände, produziert Körpersäfte, befeuchtet Darm, kühlt innere Hitze. Bewahrt die Säfte, zieht zusammen. Stärkt Mitte, nährt Herz und Leber-Blut, bewahrt die Säfte, zieht zusammen.
Kochzeit 15 Min.
Kalorien p. Portion: 244
2 Portionen
Allergene: AGH

Zutaten:

Kuhmilch (1,5 % Fett) 1/8 Liter / 125g. - neutral - süß....................................ja
Wasser 1/8 Liter / 125g. - kühl - salzig ....ja
Dinkel Gries 5 EL / 50g. - neutral - süß ....ja
Butter Bio 2 TL / 20g. - neutral - süß .... wenig
Beeren der Saison 100 g. / 100g. - neutral - süß, sauer ....ja
Honig 1-2 TL / 5g. - kalt - süß.. wenig
Mandeln 1-2 TL / 5g. - neutral - süß...ja
Pfefferminze 3-4 Blätter / 2g. - kühl - scharf, bitter ....ja
Zimtpulver 1 Prise / 0,5g. - heiß - scharf, süß ....ja
Vanille 1 Prise / 0,2g. - neutral - süß ....ja
Kakao 1 Prise / 0,5g. - warm - süß, bitter..ja
Kokosraspeln 1 EL / 10g. - warm - süß .... wenig

Kochanleitung:
Dinkelgrieß in kaltes Wasser einrühren und bei mittlere Hitze langsam aufkochen. Nach dem Aufkochen umrühren, vom Herd nehmen und einige Minuten quellen lassen. Je nach gewünschter Konsistenz ist eventuell noch etwas Wasser hinzuzufügen. Butter und geriebene Nüsse in den Brei einrühren und Himbeeren unterheben. Mit Honig oder Vollrohrzucker nach Belieben servieren.
Gewürze und Aromen: Frische Minze, Zimt oder Vanille, Kakao, Kokosraspel.

Sommer: Himbeeren, Heidelbeeren, Erdbeeren.

5.22 Erdbeersuppe mit Melonen

Stärkt Blut, kühlt Blut, bewahrt die Säfte, zieht zusammen, befeuchtet, verteilt, stärkt
Herz Yin.
Kochzeit 5 Min.
Kalorien p. Portion: 87
2 Portionen

Zutaten:
Erdbeere 300 g. / 300g. - neutral - süß, sauer ....ja
Erdbeersaftgetränk 70 ml / 70g. - neutral - süß, sauer ....ja
Zitrone Schale 1/4 TL / 1g. - kühl - bitter ....ja
Honigmelone 200 g / 200g. - kalt - süß ....ja

Kochanleitung:
Erdbeeren (frisch oder tiefgekühlt) und Erdbeersaft mit dem Mixstab pürieren, wenig Zucker untermischen.
Melonenfruchtfleisch in kleine Stücke schneiden.
Erdbeersuppe portionsweise anrichten. Melonenwürfel in die süße Suppe setzen.

5.23 Erfrischende Gurkensuppe mit Kartoffeln

Diuretisch, reduziert feuchte Hitze, entgiftet. Stärkt Qi, stärkt Milz, lindert Entzündungen, verteilt.
Kochzeit 15 Min
Kalorien p. Portion: 148
3 Portionen
Allergene: GN

Zutaten:

Sesamöl 1 EL / 10g. - kühl - süß... wenig
Kartoffel 4 Stück / 300g. - neutral - süß...ja
Zwiebel Frühlingszwiebel 3 Stück / 60g. - warm - scharf..............................ja
Pfeffer gemahlen 1 Prise / 0,5g. - warm - scharf.. *
Muskatnuss 1 Prise / 1g. - warm - scharf...ja
Salz 1 Prise / 1g. - kalt - salzig.. wenig
Zitrone 1/2 Stück / 25g. - kalt - sauer...ja
Gurke 2 Stück / 500g. - kalt - süß...ja
Sahne, süß 30% 1 EL / 10g. - neutral - süß.. wenig
Dill 1 EL / 15g. - warm - scharf..ja

Kochanleitung:
In einem heißen Topf Sesamöl, kleingeschnittene Kartoffeln, reichlich Frühlingszwiebeln anbraten; Pfeffer, etwas Muskat, Salz, Zitronensaft, heißes Wasser, gewürfelte Salatgurke dazugeben; etwa 10 Minuten dünsten und danach pürieren; etwas süße Sahne nach Belieben, frischen Dill zufügen.

Variante: Etwas Chili, Oregano, Thymian oder Rosmarin dazugeben, um die abkühlende Wirkung zu mildern.

5.24 Exotisches Linsengericht

Nährt Lungen-Yin, produziert Körpersäfte. Baut Qi auf, verteilt. Weicht auf. Löst Stagnation. Nährt Leber-Yin, produziert Körpersäfte.
Kochzeit 45 Min.
Kalorien p. Portion: 144
4 Portionen
Allergene: NO

Zutaten:

Sesamöl 1 EL / 10g. - kühl - süß .... wenig
Zwiebel weiss 2 Stück / 120g. - warm - scharf ....ja
Ingwer frisch 1/2 TL / 2g. - warm - scharf...ja
Thymian getrocknet 1/2 TL / 1g. - warm - bitter...ja
Cumin (Kreuzkümmel) 1/2 TL / 2g. - warm - scharf.......................................ja
Linsen rot 1 Tasse / 120g. - neutral - salzig ....empfehlenswert
Wakame 3 cm / 1g. - kalt - salzig ....ja
Zitrone 1/2 Stück / 20g. - kalt - sauer ....ja
Bocksdornfrüchte (Lycii) getrocknet 2 Prisen / 2g. - kühl - süß, sauer ....ja
Zucker Ursüße (Zuckerrohr) 1 Prise / 1g. - kühl - süß................................ wenig
Chili (Schote oder gemahlen) 1 Prise / 0,5g. - heiß - scharf..........................ja
Salz 1 Prise / 1g. - kalt - salzig .... wenig
Essig (Apfelessig) 1/2 TL / 1g. - warm - sauer, bitter ....ja
Tomate 1 Stück / 50g. - kalt - süß-sauer ....ja

Mangold 200 g / 200g. - kühl - bitter, süß ....empfehlenswert
Blumenkohl (Karfiol) 200 g / 200g. - kühl - süß ....empfehlenswert
Salz 1 Prise / 1g. - kalt - salzig .... wenig
Reis Vollkorn 1/2 Tasse / 60g. - warm - süß ....empfehlenswert
Wasser 3 Tassen / 300g. - kühl - salzig ....ja
Salz 1 Prise / 1g. - kalt - salzig .... wenig

Kochanleitung:

In einem heißen Topf, Sesamöl erhitzen. Kleingeschnittene Zwiebeln, geriebener Ingwer, getrockneten Thymian, reichlich Cumin zugeben und sanft anbraten. Geschälte rote Linsen, einen Streifen Wakame, etwas Zitronensaft, heißes Wasser, etwas getrocknete Bocksdornfrüchte dazugeben. 20 Minuten köcheln, bis die Linsen gar sind; heißes Wasser nach Belieben nachgießen, so dass ein Brei entsteht. Vollrohrzucker, etwas Chili und Salz zufügen. Mit Essig oder Zitronensaft abschmecken. Kleingeschnittene Tomaten nach Belieben dazugeben. Einige Minuten durchziehen lassen.
In einem kleinen Topf mit 1 Tasse Wasser und etwas Salz den Blumenkohl 10 min. weichkochen. In einem kleinen Topf mit 1 Tasse Wasser und Salz den Mangold 3 min. blanchieren.

Den Reis kurz aufkochen, salzen und 10 min. ziehen lassen. Alles mit dem Linsengericht anrichten.

5.25 Fein gewürzte Zucchini mit Tomaten

Kühlt Hitze, diuretisch, kühlt Blut, reduziert Schleim, reduziert Hitze, baut Qi auf. Nährt Leber-Yin, kühlt Hitze, produziert Körpersäfte. Löst Stagnation, leitet nach Kochzeit 10 Min.
Kalorien p. Portion: 203
4 Portionen

Zutaten:

Olivenöl 1 EL / 20g. - kühl - süß ....ja
Zwiebel weiss 2 Stück / 120g. - warm - scharf ....ja
Zucchini 4 Stück / 800g. - kühl - süß ....empfehlenswert
Oregano getrocknet 1 Prise / 1g. - warm - bitter ....ja
Basilikum (frisch) 6-8 Blatt / 3g. - warm - scharf, bitter ....ja
Salz 1 Prise / 1g. - kalt - salzig .... wenig
Tomate 2 Stück / 120g. - kalt - süß-sauer ....ja
Reis Vollkorn 1 Tasse / 120g. - warm - süß ....empfehlenswert
Wasser 6 Tassen / 400g. - kühl - salzig ....ja
Salz 1 Prise / 1g. - kalt - salzig .... wenig

Kochanleitung:
In einer heißen Pfanne Olivenöl, fein geschnittene Zwiebeln, kleingeschnittene Zucchini anbraten, bis sie halb gar sind; reichlich getrockneten Oregano dazugeben; Salz, kleingeschnittene Tomaten einige Minuten mitdünsten, bis die Zucchini gar, aber noch knackig sind; frisches Basilikum nach Belieben darüber geben.

Variante: Über die Tomaten etwas Schafskäse geben und bei geschlossenem Deckel zu Ende garen.

Den Reis im gesalzenen Wasser zustellen, aufkochen lassen und bei kleiner Hitze ca. 15 Min. Quellen lassen.

5.26 Fischsuppe mit Rosmarin

Kräftigt Nieren-Qi; nährt Blut und Säfte; fördert das Wasserlassen. Reguliert Qi, trocknet aus, leitet nach unten. Stärkt Milz und Leber, reguliert Qi-Fluss, befeuchtet, entspannt, baut Qi auf, verteilt.
Kochzeit 30 Min.
Kalorien p. Portion: 271
4 Portionen
Allergene: DLO

Zutaten:
Grundrezept für eine Fischbrühe 1/2 Liter / 500g. - kühl - * .... ja
Rosmarin 1/2 Bund / 7g. - warm - bitter... ja
Zwiebel Frühlingszwiebel 1 Stück / 20g. - warm - scharf................................. ja
Olivenöl 2 EL / 35g. - kühl - süß .... ja
Fischstücke gemischt (Süßwasser) 250 g. / 250g. - warm - süß, salzig.......... ja
Karotte (Mohrrübe, Möhre) 1 Stück / 120g. - neutral - süß.............................. ja
Pastinake 1 Stück / 180g. - kühl - bitter.. ja
Sellerie Knolle 1 Scheibe / 20g. - kühl - süß.. ja
Salz 1 Prise / 1g. - kalt - salzig .... wenig
Pfeffer Körner 2 Stück / 1g. - warm - scharf .... ja
Knoblauch 1 Zehe / 3g. - heiß - scharf.. ja

Kochanleitung:
Die Zwiebel und Knoblauch in dem Öl glasig braten. Mit Fischbrühe aufgießen. Gewürfelte Karotte, Pastinaken und Sellerie hinzugeben. Mit Salz und Pfefferkörnern würzen. Die Suppe 25 Min. bei schwacher Hitze köcheln lassen. Den Fisch waschen, mit Zitronensaft beträufeln, in Stücke teilen und mit dem abgezupften Rosmarin in die Suppe geben. Alles 5 Min. bei schwacher Hitze garen. Schnittlauch und Petersilie dazugeben und die Suppe mit dem Salz abschmecken.

5.27 Frischkäseersatz

Kühlt Hitze, hält Säfte, baut Blut und Yin auf.
Kochzeit 20 Min.
Kalorien p. Portion: 526
2 Portionen
Allergene: AE

Zutaten:

Sojabohnenmilch 1 Liter / 300g. - kühl - süß ....ja
Zitrone 1 Stück / 50g. - kalt - sauer ....ja
Kräuter verschiedene 2 EL / 6g. - - * ....ja
Vollkornbrot 6 Scheiben / 300g. - - ....empfehlenswert

Kochanleitung:

Sojamilch in einen Topf geben und unter gelegentlichem Rühren
(brennt leicht an!) zum Kochen bringen, abkühlen lassen.
Zitrone auspressen und leicht unter die abgekühlte Sojamilch (ca. 80°C)
rühren, ca. 20 min. ruhen bzw. gerinnen lassen.
Geronnene Sojamilch durch ein mit dem Geschirrtuch ausgelegtes Sieb
schütten, Flüssigkeit ablaufen lassen und danach Restflüssigkeit mit
dem Geschirrtuch auspressen. Nach Geschmack mit frischen Kräutern
verfeinern. Dazu Vollkornbrot servieren.

5.28 Frühstück mit Käse

Kochzeit 10 Min.
Kalorien p. Portion: 593
1 Portion
Allergene: AGO

Zutaten:

Wasser 1 Tasse / 120g. - kühl - salzig ....ja
Kaffee 2 TL / 4g. - warm - bitter...ja
Vollkornbrot 2 Scheiben / 100g. - - ....empfehlenswert
Margarine 10 g. / 10g. - kühl - süß .... wenig
Edamer 30 g. / 30g. - neutral - süß ....ja
Erdbeermarmelade 20 g. / 20g. - neutral - süß, sauer .... wenig
Topfen 20% 40 g. / 40g. - kühl - sauer ....ja

Kochanleitung:

Kaffee wie gewohnt zubereiten. Zucker vermeiden oder Süßstoff
verwenden. Belegen Sie die Brote mit Margarine und geben Sie die
Käse und die Marmelade zur Auswahl auf den Frühstückstisch.
Dekorativ anrichten erhöht den Appetit.

5.29 Gekochter Selleriesalat mit exotischen Gewürzen

Stärkt Magen-Qi, baut Qi auf. Befeuchtet Trockenheit, bewahrt die Säfte, kühlt Hitze.
Kochzeit 30 Min.
Kalorien p. Portion: 166
4 Portionen
Allergene: GLMNO

Zutaten:

Sellerie Knolle 1 1/2 Stück / 900g. - kühl - süß...ja
Joghurt (natur, 3,5 % Fett) 1 Becher / 250g. - kühl - sauer ....ja
Sauerrahm 15% Fett 2 EL / 20g. - kühl - sauer...ja
Kurkuma (Gelbwurz) 1 Prise / 1g. - warm - bitter ....ja
Sesamöl 1 EL / 20g. - kühl - süß .... wenig
Pfeffer gemahlen 1 Prise / 0,5g. - warm - scharf... *
Zitronengras 1 Prise / 1g. - - ....ja
Zwiebel weiss 1/2 Stück / 25g. - warm - scharf...ja
Senf 1/2 TL / 1g. - warm - ....ja
Schwarzkümmel 1 Prise / 1g. - warm - scharf, süß ....ja
Salz 1 Prise / 1g. - kalt - salzig.. wenig
Zitrone Saft 1 Stück / 40g. - kalt - sauer...ja
Apfel (sauer) 1/2 Stück / 100g. - kühl - sauer..................................... wenig
Rosenpaprika Pulver 1 Prise / 1g. - warm - ....ja
Essig (Apfelessig) 1 Schuss / 3g. - warm - sauer, bitter...............................ja

Kochanleitung:

In heißes Wasser geschälte und in dicke Scheiben geschnittene Sellerieknolle geben; gar kochen und in längliche, mundgerechte Streifen schneiden.

Dressing: Etwas Joghurt, Sauerrahm, Kurkuma, Sesamöl, Pfeffer, Zitronengraspulver, fein geschnittene Zwiebel, etwas Senf, Salz, zerstoßenem Schwarzkümmel, etwas kaltes Wasser, Zitronensaft oder Essig gut durchrühren; säuerlichen kleingeschnittenen Apfel, etwas Rosenpaprika, den lauwarmen Sellerie dazugeben und gut vermischen; 2 - 3 Stunden oder über Nacht ziehen lassen.

Ideal als Ersatz für Rohkost, auf die man wegen Verdauungsschwäche verzichten möchte.

5.30 Gemüsesaft Getränk

Nährt Leber-Yin, kühlt Hitze, produziert Körpersäfte. Stärkt Milz und Leber, reguliert Qi-Fluss, befeuchtet, entspannt, baut Qi auf, verteilt. Stärkt Magen-Qi, befeuchtet, entspannt, baut Qi auf, verteilt.
Kochzeit 15 Min.
Kalorien p. Portion: 64
1 Portion
Allergene: L

Zutaten:
Sellerie Knolle 20 g. / 20g. - kühl - süß ....ja
Karotte (Mohrrübe, Möhre) 100 g. / 100g. - neutral - süß...............................ja
Tomate 100 g. / 100g. - kalt - süß-sauer ....ja
Knoblauch 1 Stück / 2g. - heiß - scharf ....ja
Salz 1 TL / 2g. - kalt - salzig .... wenig
Acerola Fruchtnektar oder Pulver 1/2 TL / 1g. - warm - sauer.................. wenig

Kochanleitung:
Alle Zutaten schälen und mit dem Entsafter zu einem Getränk verarbeiten. Acerola darunter rühren.

5.31 Gerstenbrätlinge

Stärkt Qi, stärkt Milz, lindert Entzündungen, befeuchtet, entspannt, baut Qi auf. Stärkt Milz und Nieren, reguliert Qi-Fluss. Löst Stagnation, leitet nach unten. Leitet toxische Hitze aus.
Kochzeit 1 1/2 Stunden
Kalorien p. Portion: 398
3 Portionen
Allergene: ACN

Zutaten:
Wasser 2 Tassen / 250g. - kühl - salzig ....ja
Gerstengrütze 1 Tasse / 120g. - kühl - süß..ja
Kartoffel 1 Stück / 140g. - neutral - süß...ja
Karotte (Mohrrübe, Möhre) 1 Stück / 120g. - neutral - süß...........................ja
Champignon 2-3 Stück / 25g. - kühl - süß..ja
Huhn Ei 1 Stück / 55g. - neutral - süß .... wenig
Zwiebel weiss 1 Stück / 50g. - warm - scharf ....ja
Ingwer frisch 1/2 TL / 1g. - warm - scharf..ja
Pfeffer gemahlen 1 Prise / 0,5g. - warm - scharf...*
Salz 1 Prise / 1g. - kalt - salzig .... wenig
Zitrone 1/2 Stück / 15g. - kalt - sauer ....ja

Petersilie 2 EL / 15g. - warm - bitter .... ja
Rosenpaprika Pulver 1 Prise / 1g. - warm - .... ja
Sesamöl 2-3 EL / 50g. - kühl - süß .... wenig
Brötchen (Semmel) 1 Stück / 35g. - kühl - süß .... wenig

Kochanleitung:

Vorbereitung: 2 große Tassen heißes Wasser in einen Topf geben; 1 große Tasse Thermo-Gerstengrütze dazugeben; 2 Minuten unter Rühren köcheln; dann 20 Minuten auf der ausgeschalteten Herdplatte quellen lassen; herunternehmen und abkühlen lassen.

In kochendem Wasser 1 große Kartoffel, kleingeschnitten kochen.

In heißem Wasser 1 Brötchen einweichen und dann gut ausdrücken.

Danach: Die Gerstengrütze, die Kartoffel zerdrückt, das Brötchen miteinander vermengen; 1 geraspelte Karotte, 2 - 3 kleingehackte Champignons, 1 Ei, 1 fein gehackte Zwiebel, 1/2 TL geriebenen Ingwer, eine Prise Pfeffer, eine Prise Salz, etwas Zitronensaft, gehackte Petersilie, reichlich Rosenpaprika dazugeben; gut durchkneten und Brätlinge formen; in einer heißen Pfanne Sesamöl erhitzen; die Brätlinge etwa 15 Minuten bei sanfter Hitze ausbacken; nach der Hälfte der Zeit wenden.
Dazu passt: Blattsalat, Sojasprossengemüse.

5.32 Gerstenbrei mit gedünsteter Birne

Befeuchtet Lunge, kühlt Hitze, reduziert heißer Lungenschleim, produziert Körpersäfte, befeuchtet, entspannt, baut Qi auf, verteilt. Stärkt Milz, kühlt Blase, diuretisch, befeuchtet Darm, entspannt, baut Qi auf, verteilt.
Kochzeit 25 Min.
Kalorien p. Portion: 114
5 Portionen
Allergene: A

Zutaten:

Wasser 10 Tassen / 1200g. - kühl - salzig .... ja
Gerste 1 Tasse / 120g. - kühl - süß, etwas salzig .... ja
Ingwer frisch 2 Scheiben / 2g. - warm - scharf .... ja
Kardamom 3 Kapseln / 1g. - warm - scharf .... ja
Salz 1 Prise / 1g. - kalt - salzig .... wenig
Birne 1 Stück / 200g. - kühl - süß, sauer .... ja
Zucker Ursüße (Zuckerrohr) 1/2 EL / 5g. - kühl - süß .... wenig

Kochanleitung:
Die Gerste zu grobem Schrot mahlen und trocken anrösten. Heißes Wasser aufgießen, Ingwer und Kardamom hinzugeben und bei wenig Hitze zu einem Brei quellen lassen. Birne schälen und würfeln und mit wenig Wasser 10 Min. dünsten. Am Ende die gedünstete Birne, etwas Butter und Süßmittel zugeben.

Variante: Wenn es morgens schnell gehen soll, kann man an Stelle von Schrot Gerstenflocken verwenden.

5.33 Gersten-Gemüse-Suppe

Nährt Blut und Qi, diuretisch, harmonisiert Qi (v.a. im Mittleren und Unteren Erwärmer), entgiftet. Stärkt Milz, Niere und Leber, reguliert Qi-Fluss, befeuchtet, entspannt, baut Qi auf, verteilt.
Kochzeit 2 Stunden
Kalorien p. Portion: 281
3 Portionen
Allergene: AGL

Zutaten:
Gerste 1 Tasse / 120g. - kühl - süß, etwas salzig ....ja
Shiitake, getrocknet 4 g. / 4g. - neutral - süß...ja
Zwiebel Schalotte 1 Stück / 20g. - warm - scharf, süß ....ja
Cumin (Kreuzkümmel) 1 Messerspitze / 0,5g. - warm - scharf......................ja
Sonnenblumenöl 1 EL / 10g. - kühl - süß .... wenig
Wasser 300 ml / 250g. - kühl - salzig ....ja
Sellerie Stangensellerie 2 Äste / 20g. - kühl - süß..ja
Erbse, grün 250 g. / 250g. - neutral - süß..ja
Tomate 1 Stück / 50g. - kalt - süß-sauer ....ja
Karotte (Mohrrübe, Möhre) 2 Stück / 150g. - neutral - süß.............................ja
Stangenbohnen (Fisolen) 1 Handvoll / 30g. - warm - süß ....empfehlenswert
Salz 1 Prise / 1g. - kalt - salzig .... wenig
Pfeffer gemahlen 1 Prise / 0,5g. - warm - scharf... *
Petersilie 1 TL / 3g. - warm - bitter ....ja
Butter Bio 1 TL / 3g. - neutral - süß .... wenig

Kochanleitung:
Gerste am Abend einweichen. Am nächsten Tag die Pilze separat einweichen. Zwiebel und Cumin in Öl bräunen, dann mit Wasser aufkochen. Das kleingeschnittene Gemüse, etwas Salz, die Gerste und die Shiitakepilze hinzufügen und alles zu einer dicken Suppe weich kochen. Am Ende mit Pfeffer, Petersilie und etwas Butter abschmecken.

5.34 Gerstenschrotsuppe

Wirkt neutral bis leicht erwärmend und entspannt den Qi-Fluss. Hilft bei Appetitlosigkeit und Durchfall durch Milz-Schwäche. Bei schwachem Milz-Qi sollte man häufig salzige Suppen zum Frühstück essen.
Kochzeit 25 Min.
Kalorien p. Portion: 265
2 Portionen
Allergene: A

Zutaten:
Gerste 1 Tasse / 120g. - kühl - süß, etwas salzig .... ja
Salz 1 Prise / 1g. - kalt - salzig .... wenig
Ingwer frisch 1/2 TL / 1g. - warm - scharf .... ja
Olivenöl 1 EL / 10g. - kühl - süß .... ja
Petersilie 3 EL / 30g. - warm - bitter .... ja
Wasser 2 Tassen / 240g. - kühl - salzig .... ja

Kochanleitung:
Gerste in der Pfanne trocken rösten, anschließend zu Schrot mahlen und mit Wasser, etwas Salz und Ingwer zu einem Brei kochen. Vor dem Servieren Öl und Petersilie unterheben.
Variante: Man kann dem Gericht noch einen besseren Geschmack verleihen, wenn man es mit vorbereiteter Gemüse- oder Fleischbrühe kocht.

5.35 Geschnetzeltes Huhn mit Walnüssen und Sherry

Erwärmend und nährend, leitet das Qi nach oben. Stärkt Blut und Niere.
Kochzeit 25 Min.
Kalorien p. Portion: 304
4 Portionen
Allergene: EGHN

Zutaten:
Butter Bio 2 EL / 35g. - neutral - süß .... wenig
Walnüsse 2 EL / 25g. - warm - süß .... ja
Ingwer frisch 1/2 TL / 2g. - warm - scharf .... ja
Zwiebel Schalotte 2 Stück / 40g. - warm - scharf, süß .... ja
Salz 1 Prise / 1g. - kalt - salzig .... wenig
Huhn Fleisch 300 g. / 300g. - warm - süß .... wenig
Rosenpaprika Pulver 1 Prise / 1g. - warm - .... ja
Sesam, Weißer 1 TL / 2g. - neutral - süß .... empfehlenswert
Schwarzer Fungu Pilz 4 Stück / 3g. - neutral - süß .... ja
Shiitake, getrocknet 4 Stück / 5g. - neutral - süß .... ja

Sojasauce 1 Schuss / 3g. - kalt - salzig...ja
Reis Vollkorn 1 Tasse / 120g. - warm - süß ....empfehlenswert
Wasser 6 Tassen / 550g. - kühl - salzig ....ja
Salz 1 Prise / 1g. - kalt - salzig ....wenig

Kochanleitung:

In einer heißen Pfanne Butter oder Sesamöl erhitzen; Walnüsse, reichlich geriebenen Ingwer, kleingeschnittene Schalotten oder Zwiebeln sanft anbraten; Salz und das geschnetzelte Huhn dazugeben und rundum anbraten; Rosenpaprika, gerösteten Sesam, eingeweichter schwarze Fungu, Shiitakepilze oder Champignons dazugeben; mit einem Schuss Sherry ablöschen; 5 - 10 Minuten köcheln lassen, bis das Fleisch gar ist; mit Sojasoße abschmecken.
Den Reis im gesalzenen Wasser zustellen, aufkochen lassen und bei kleiner Hitze ca. 15 Min. Quellen lassen.
Dazu passt: Feldsalat, Radicchio

5.36 Grundrezept für eine Fischbrühe

Kräftigt Nieren-Qi und Yin; nährt Blut und Säfte; fördert das Wasserlassen.
Kochzeit 40 min.
Kalorien p. Portion: 128
5 Portionen
Allergene: DLO

Zutaten:

Fischstücke gemischt (Süßwasser) 300 g. / 300g. - warm - süß, salzig..........ja
Sellerie Knolle 120 g. / 120g. - kühl - süß...ja
Lauch (Porree) 5 cm / 10g. - warm - scharf..ja
Karotte (Mohrrübe, Möhre) 2 Stück / 150g. - neutral - süß.............................ja
Weißwein 1/8 Liter / 125g. - kühl - süß, bitter, scharf.............................. wenig
Zitrone 1/2 Stück / 50g. - kalt - sauer ....ja
Lorbeerblatt 2 Blätter / 2g. - warm - scharf..ja
Pfeffer Körner 3 Stück / 2g. - warm - scharf ....ja
Olivenöl 1 EL / 10g. - kühl - süß ....ja
Wasser 1/2 Liter / 450g. - kühl - salzig ....ja

Kochanleitung:

In Olivenöl klein geschnittenen Sellerie, Karotten und Lauch andünsten, Lorbeerblatt und Pfefferkörner dazu geben, Fischstücke dazu geben und kurz mitdünsten. Mit Wasser ablöschen, wenig Weißwein oder Zitrone dazugeben. 30 Minuten sanft köcheln. Mehrmals den entstehenden Schaum abschöpfen. Am Ende die Zutaten durch ein Tuch sieben.

5.37 Grundrezept für eine Gemüsebrühe nahrhaft

Stärkt Milz und Lunge, reguliert Qi-Fluss, baut Qi auf, trocknet aus, leitet nach unten. Stärkt Magen-Qi.
Kochzeit 2-3 Stunden
Kalorien p. Portion: 48
5 Portionen
Allergene: L

Zutaten:
Olivenöl 1 EL / 4g. - kühl - süß ....ja
Zwiebel weiss 1 Stück / 60g. - warm - scharf ....ja
Karotte (Mohrrübe, Möhre) 3 Stück / 200g. - neutral - süß..............................ja
Pastinake 150 g. / 150g. - kühl - bitter..ja
Sellerie Knolle 1 Tasse / 100g. - kühl - süß..ja
Ingwer frisch 1/2 TL / 2g. - warm - scharf...ja
Zitrone 1/2 Stück / 25g. - kalt - sauer ....ja
Wacholderbeere 6 Stück / 6g. - warm - süß, scharf, bitter ....empfehlenswert
Thymian getrocknet 1 Prise / 1g. - warm - bitter...ja
Liebstöckel 1 EL / 3g. - warm - scharf, bitter ....ja
Lorbeerblatt 2 Blätter / 1g. - warm - scharf...ja
Salz 1 Prise / 1g. - kalt - salzig .... wenig
Wasser 3/4 Liter / 650g. - kühl - salzig ....ja

Kochanleitung:
Gemüse würfelig schneiden. In heißem Topf Öl erhitzen, Zwiebel und Gemüse anbraten, Ingwer und Lorbeer dazugeben. Mit kaltem Wasser aufgießen, Zitronensaft zugeben. Mit Wacholder, Thymian und Liebstöckel würzen. 2 – 3 Stunden auf kleiner Flamme zugedeckt köcheln. Das verwendete Gemüse soll weggeworfen werden. Das Grundrezept dient als Suppengrundlage und zur Verfeinerung von Gemüse, Hülsenfrüchte oder Getreide. Wollen Sie gleich Gemüsesuppe essen, geben Sie eine halbe Stunde vorher das gewünschte Gemüse dazu.

5.38 Gurkensuppe

Kühlt und befeuchtet, diuretisch, reduziert feuchte Hitze, entgiftet, entspannt, baut Qi auf, verteilt. Vertreibt Schleim, leitet nach unten, Aktiviert Wei Qi, stärkt Qi.
Kochzeit 20 min.
Kalorien p. Portion: 96
4 Portionen
Allergene: M

Zutaten:

Olivenöl 2 EL / 35g. - kühl - süß...ja
Gurke 2 Stück / 400g. - kalt - süß..ja
Wasser 1/2 Liter / 500g. - kühl - salzig...ja
Salbei 3 Blätter / 3g. - kühl - bitter, scharf...ja
Senf 1/2 TL / 0,5g. - warm - ....ja
Koriander 1 Prise / 1g. - warm - scharf...ja
Kardamom 1 Prise / 1g. - warm - scharf..ja
Salz 1 Prise / 1g. - kalt - salzig... wenig

Kochanleitung:

Öl erhitzen, die klein geschnittenen Gurken kurz anrösten. Senfkörner, Koriander, Kardamom und Salz dazugeben und kurz dünsten. Mit dem Wasser übergießen. 10-15 min. köcheln lassen. Pürieren und mit frisch gehacktem Salbei dekorieren.

5.39 Haferflockensuppe mit Frühlingszwiebel und Karotten

Stärkt Milz und Leber, reguliert Qi-Fluss, befeuchtet, entspannt, baut Qi auf, verteilt, befeuchtet Darm. Reguliert Qi, wärmt Milz und Niere, löst Stagnation, leitet nach Kochzeit 30 min.
Kalorien p. Portion: 135
3 Portionen
Allergene: AG

Zutaten:

Hafer 6 EL / 48g. - warm - süß...empfehlenswert
Karotte (Mohrrübe, Möhre) 2 Stück / 200g. - neutral - süß...........................ja
Butter Bio 1 EL / 15g. - neutral - süß.. wenig
Muskatnuss 1 Prise / 1g. - warm - scharf..ja
Liebstöckel 1 Stiel / 15g. - warm - scharf, bitter..ja
Zwiebel Frühlingszwiebel 2 Stück / 40g. - warm - scharf...............................ja
Wasser 1/2 Liter / 480g. - kühl - salzig...ja

Kochanleitung:

Haferflocken in Butter anrösten, Salz und Gewürze dazugeben, mit Wasser aufgießen und aufkochen lassen. Nach 10 min. die geriebenen Karotten und Liebstöckel dazugeben, 10 min kochen. Zwiebel fein schneiden und dazugeben.

5.40 Heidelbeermus

Hält Säfte und Essenz, stärkt Leber und Nieren, stärkt Blut, stärkt Sehkraft. Wärmt Milz- und Nieren-Yang, leitet nach oben. Erwärmt Magen und Milz, fördert Durchblutung und Leitbahnfluss, lindert Kälte-Übel und Schmerzen.
Kochzeit 10 Min.
Kalorien p. Portion: 10
1 Portion

Zutaten:
Heidelbeere 20 g. / 20g. - kühl - süß, sauer ....ja
Zimtpulver 1 Prise / 0,1g. - heiß - scharf, süß ....ja
Nelke 1 Stück / 1g. - warm - scharf ....ja
Wasser 1/4 Liter / 250g. - kühl - salzig ....ja

Kochanleitung:
Heidelbeeren mit Zimt und Nelke im Wasser 10 Min. kochen. Zimt und Nelke entfernen. Pürieren. Nach Wunsch süßen.

5.41 Heidelbeer-Topfen mit Acaipulver

Bewahrt die Säfte, zieht zusammen, stärkt Leber und Nieren, stärkt Blut.
Kochzeit 10 Min.
Kalorien p. Portion: 238
2 Portionen
Allergene: GH

Zutaten:
Heidelbeere 200 g / 200g. - kühl - süß, sauer ....ja
Orangensaft 2 EL / 10g. - kalt - sauer, süß .... wenig
Ahornsirup 1 EL / 5g. - kühl - süß... wenig
Mandeln 1 EL / 5g. - neutral - süß..ja
Topfen 20% 250 g. / 250g. - kühl - sauer ....ja
Zucker Ursüße (Zuckerrohr) 1 EL / 9g. - kühl - süß................................... wenig
Acaipulver 2 TL / 5g. - - .... *
Zimtpulver 1 Prise / 0,5g. - heiß - scharf, süß ....ja

Kochanleitung:
Die Heidelbeeren in einem Sieb abbrausen und vorsichtig trocken tupfen. Mit Orangensaft und Ahornsirup beträufeln und das Acaipulver unterrühren. Die Mandelstifte in einer Pfanne ohne Fett goldbraun rösten bis sie duften und auf einem Teller abkühlen lassen. Mit etwas Zimt bestäuben. Quark und Zucker glatt rühren. Abwechselnd mit den

marinierten Heidelbeeren in Gläser schichten und mit den Mandelsplittern garnieren.

5.42 Heilbutt mit Tomaten-Knoblauch-Sauce

Nährt Leber-Yin, kühlt Hitze, produziert Körpersäfte. Wärmt Magen und Milz, harmonisiert den Darm, stärkt Qi-Funktion, reduziert Feuchtigkeit. Reduziert innere Hitze, reduziert Schleim, produziert Körpersäfte, trocknet aus, leitet nach unten.
Kochzeit 45 Min.
Kalorien p. Portion: 319
5 Portionen
Allergene: D

Zutaten:
Reis Sorte beliebig 1 Tasse / 120g. - warm - süß .... wenig
Wasser 6 Tassen / 240g. - kühl - salzig ....ja
Salz 1 Prise / 1g. - kalt - salzig... wenig
Heilbutt 1 Kg / 800g. - warm - salzig ....ja
Salz 1 Prise / 1g. - kalt - salzig... wenig
Pfeffer gemahlen 1 Prise / 0,5g. - warm - scharf.....................................*
Zitrone Saft 1 Spritzer / 2g. - kalt - sauer.....................................ja
Lorbeerblatt 2 Stück / 2g. - warm - scharf ....ja
Zitrone 1 Stück / 30g. - kalt - sauer ....ja
Knoblauch 8 Stück / 10g. - heiß - scharf ....ja
Thymian getrocknet 1 EL / 5g. - warm - bitter ....ja
Oliven 75 g. / 75g. - neutral - süß, rau...ja
Tomate 4 Stück / 200g. - kalt - süß-sauer ....ja
Salz 1 Prise / 1g. - kalt - salzig... wenig
Pfeffer gemahlen 1 Prise / 0,5g. - warm - scharf.....................................*

Kochanleitung:
Reis mit Salzwasser zustellen und garen lassen.
Den Fisch unter fließend kaltem Wasser abspülen, mit Küchenkrepp abtupfen und mit Salz, Pfeffer und Zitronensaft einreiben. Die Fischfilets in eine Auflaufform legen mit Stücken von den Lorbeerblättern belegen. Die Zitrone heiß abwaschen und in Spalten schneiden, den Knoblauch schälen und halbieren. Die Oliven und den Thymian drüberstreuen. Die Tomaten mit heißem Wasser überbrühen, häuten und grob würfeln. Alle Zutaten mischen, mit Salz und Pfeffer würzen und um den Fisch herum verteilen.
Alles bei 200 Grad Umluft, Umluft:180 Grad/Gasherd: Stufe 3 ca. 20 Minuten garen. Mit dem Reis anrichten.
Zu diesem wohlschmeckenden Fischgericht passt ein gemischter Salat.

5.43 Herzhafter Polentabrei

Stärkt Milz und Magen; fördert das Wasserlassen; harmonisiert das Leber-Qi
Kochzeit 10 Min.
Kalorien p. Portion: 262
2 Portionen

Zutaten:

Mais Gries (Polenta) 1 Tasse / 120g. - neutral - süß...ja
Zwiebel Frühlingszwiebel 2 Stück / 40g. - warm - scharf..............................ja
Ingwer frisch 1/2 TL / 2g. - warm - scharf...ja
Muskatnuss 1 Prise / 1g. - warm - scharf..ja
Salz 1 Prise / 1g. - kalt - salzig... wenig
Olivenöl 1 EL / 10g. - kühl - süß..ja
Kurkuma (Gelbwurz) 1 Prise / 1g. - warm - bitter ....ja
Wasser 2 Tassen / 240g. - kühl - salzig ....ja

Kochanleitung:
Polenta in kochendes Wasser einrühren und quellen lassen.
Frühlingszwiebeln, geriebenen Ingwer, Kurkuma, Muskat, Salz und Olivenöl zugeben und weiterziehen lassen.

5.44 Herzhaftes Winterfrühstück

Stärkt Qi und Yang, Stärkt die Abwehrkräfte und erwärmt; hilft bei Qi- und Yang-
Leere.
Kochzeit 20 min.
Kalorien p. Portion: 678
1 Portion
Allergene: ACEG

Zutaten:

Hafer Schrot 1 Tasse / 120g. - warm - süß ....empfehlenswert
Ingwer frisch 1/2 TL / 1g. - warm - scharf...ja
Salz 1 Prise / 1g. - kalt - salzig... wenig
Zwiebel Frühlingszwiebel 2 Stück / 40g. - warm - scharf..............................ja
Huhn Ei 1 Stück / 55g. - neutral - süß .... wenig
Butter Bio 1 EL / 15g. - neutral - süß.. wenig
Sojasauce 1 Schuss / 3g. - kalt - salzig...ja

Kochanleitung:
Haferschrot über Nacht einweichen. Am Morgen mit etwas Ingwer, Salz und einer Frühlingszwiebel oder Lauch aufkochen und dann quellen

lassen, bis der Brei weich ist. Vor dem Servieren ein ganzes Ei unter den Brei mengen, Butter zugeben und nach Geschmack mit etwas Sojasoße würzen.
Empfehlung: Besonders geeignet für die kalte Jahreszeit

5.45 Hirse mit Birnen

Erfrischend und nährend, baut Säfte auf kühlt Hitze.
Kochzeit 35 Min.
Kalorien p. Portion: 213
5 Portionen
Allergene: G

Zutaten:
Hirse 1 Tasse / 120g. - kühl - süß, salzig ....empfehlenswert
Wasser 2 Tassen / 200g. - kühl - salzig ....ja
Traubensaft rot 2 Tassen / 240g. - neutral - süß, sauer ....ja
Birne 4 Stück / 600g. - kühl - süß, sauer ....ja
Ingwer frisch 1/2 TL / 2g. - warm - scharf...ja
Salz 1 Prise / 1g. - kalt - salzig... wenig
Acerola Fruchtnektar oder Pulver 1 TL / 2g. - warm - sauer.................... wenig
Kakao 1 Prise / 1g. - warm - süß, bitter...ja
Sonnenblumenkerne 2 EL / 4g. - neutral - süß.......................empfehlenswert
Gerstenmalz 1/2 TL / 2g. - kühl - süß...ja
Sahne, süß 30% 2 TL / 20g. - neutral - süß .... wenig

Kochanleitung:
In heißem Wasser Hirse aufsetzen und gar kochen.
Danach: In einem heißen Topf etwas Traubensaft erwärmen; kleingeschnittene Birnen, sehr wenig geriebenen Ingwer, eine kleine Prise Salz, Acerola, eine Prise Kakao dazugeben und kurz andünsten; die gekochte Hirse, Sonnenblumenkerne, etwas Gerstenmalz nach Belieben, 1 TL Sahne pro Portion oder etwas Butter untermengen und erhitzen.

5.46 Hirse mit Ei und Butter

Stärkt Blut, Yin und Jing, nährt Yin, befeuchtet bei innerer Trockenheit, stärkt Blut, stärkt Milz, beruhigt Nerven und Magen. Stärkt Milz und Niere, diuretisch. Stärkt Qi und Nieren-Jing, befeuchtet, entspannt, baut Qi auf, verteilt.
Kochzeit 25 Min.
Kalorien p. Portion: 338
2 Portionen
Allergene: CG

Zutaten:

Hirse 1 Tasse / 100g. - kühl - süß, salzig ....empfehlenswert
Ingwer frisch 1/2 TL / 1g. - warm - scharf...ja
Salz 1 Prise / 0,5g. - kalt - salzig .... wenig
Petersilie 2 EL / 16g. - warm - bitter...ja
Rosenpaprika 1 Prise / 1g. - warm - bitter..ja
Huhn Ei 2 Stück / 100g. - neutral - süß .... wenig
Butter Bio 2 EL / 20g. - neutral - süß.. wenig
Muskatnuss 1 Prise / 0,2g. - warm - scharf...ja
Wasser 2 Tassen / 200g. - kühl - salzig ....ja

Kochanleitung:
Die Hirse mit dem Ingwer und Muskatnuss im Wasser kochen. 1 weiches Ei pro Person kochen und schälen; die Hirse auf Tellern auftürmen und je 1 Ei in eine Mulde im Hirseberg legen; Butterflöckchen darüber geben. Mit gehackter Petersilie und dem Rosenpaprika bestreuen.

5.47 Hirse mit Shiitakepilzen und Avocado

Nährt Yin von Leber, Lunge und Dickdarm, befeuchtet, entspannt, baut Qi auf, verteilt. Stärkt Milz und Niere, diuretisch. Bewegt Qi, reduziert innere Hitze, trocknet aus, leitet nach unten. Befeuchtet, entspannt, baut Qi auf, verteilt.
Kochzeit 20 Min.
Kalorien p. Portion: 560
2 Portionen
Allergene: G

Zutaten:

Hirse 1 Tasse / 120g. - kühl - süß, salzig ....empfehlenswert
Shiitake, getrocknet 25 g. / 25g. - neutral - süß...............................ja
Wasser 2 Tassen / 200g. - kühl - salzig ....ja
Ingwer frisch 1/2 TL / 2g. - warm - scharf...ja
Pfeffer gemahlen 1 Prise / 0,5g. - warm - scharf............................... *
Salz 1 Prise / 1g. - kalt - salzig... wenig
Petersilie 1 EL / 7g. - warm - bitter..ja
Rosenpaprika Pulver 1 Prise / 1g. - warm - ....ja
Butter Bio 1 EL / 15g. - neutral - süß.. wenig
Avocado 1 Stück / 200g. - kalt - süß ....ja
Zitrone Saft 1 Schuss / 3g. - kalt - sauer..ja
Rucola Rauke 2 Handvoll / 30g. - kühl - scharf.................................. *

Kochanleitung:
In einen Topf mit heißem Wasser die Hirse streuen, in Streifen
geschnittene Shiitakepilze und etwas Ingwer dazugeben und gar
köcheln; eine Prise gemahlenen Pfeffer, etwas Salz, reichlich Petersilie,
eine Prise Rosenpaprika, ein Stück Butter unterrühren.

Währenddessen: ½ Avocado pro Portion auf einer Tellerhälfte
anrichten: mit etwas gemahlenem Pfeffer, einer kleinen Prise Salz
bestreuen; mit Zitronensaft beträufeln; etwas kleingeschnittenen Rucola
oder Rosenpaprika drüberstreuen; das Hirsegericht auf die andere
Tellerhälfte geben.

5.48 Hüttenkäse mit gedünstetem Obst

Befeuchtet Lunge, kühlt Hitze, reduziert Lungenschleim, produziert
Körpersäfte, befeuchtet, entspannt, baut Qi auf, verteilt. Bewahrt die
Säfte, zieht zusammen.
Kochzeit 20 Min.
Kalorien p. Portion: 214
2 Portionen
Allergene: G

Zutaten:
Hüttenkäse 300 g. / 300g. - kühl - sauer ....ja
Apfel (sauer) 1 Stück / 100g. - kühl - sauer .... wenig
Birne 1 Stück / 100g. - kühl - süß, sauer ....ja

Kochanleitung:
Äpfel und Birnen gut waschen, nicht schälen, und klein schneiden. In
einem Topf mit Dämpfsieb bissfest garen, herausnehmen und
auskühlen lassen. Hüttenkäse anrichten, Obst darauf verteilen.

5.49 Kalte Kirschensuppe mit Topfennockerl

Befeuchtet Leber und Niere, stärkt Mitte, reduziert Blutstau, reduziert
innere Hitze. Bewahrt die Säfte, zieht zusammen. Nährt Säfte, zieht
zusammen. Stärkt Qi und Milz, reduziert Kälte-Übel und inneren Wind.
Weicht auf, leitet nach unten.
Kochzeit 2 Stunden
Kalorien p. Portion: 320
2 Portionen
Allergene: GO

Zutaten:

Kirschenkompott 450 g. / 450g. - warm - sauer, süß.....................................ja
Agar-Agar, Agartang 1/2 TL / 1,5g. - kalt - salzig ....ja
Topfen 20% 100 g. / 100g. - kühl - sauer ....ja
Sauerrahm 15% Fett 50 g. / 50g. - kühl - sauer ....ja
Vanillezucker natur 1 Paket / 1g. - neutral - süß .... wenig
Zucker braun 1 EL / 10g. - warm - süß.. wenig
Zimtpulver 1 Prise / 0,5g. - heiß - scharf, süß ....ja
Zitrone Schale 1 Prise / 1g. - kühl - bitter ....ja

Kochanleitung:
Kirschenkompott abseihen. Mit dem Mixer die Hälfte der Kirschen mit dem Kirschensaft fein pürieren und durch ein Sieb streichen. Das Agar-Agar-Pulver mit dem kaltem Wasser glatt rühren. Das Kirschenpüree unter Rühren zum Kochen bringen. Agar-Agar-Lösung untermischen und das Kirschenpüree 1 Minute unter Rühren leicht kochen.
Heißes Kirschenpüree auf zwei Suppenteller verteilen. Die restlichen Kirschen in die Suppe streuen. Kirschsuppe 2 Stunden kalt stellen bis sie leicht geliert. Mit dem Handmixer den Topfen, Sauerrahm, Zucker, Vanillezucker, Zimt und Zitronenschale zu einer glatten, festen Creme rühren. Aus der Creme mit dem Esslöffel kleine Nockerl stechen und in die Kirschensuppe setzen.

5.50 Karottendrink

Stärkt Milz, Niere und Leber, reguliert Qi-Fluss, befeuchtet, entspannt, baut Qi auf, verteilt. Befeuchten Lunge und Dickdarm. Stärkt Mittleren Erwärmer, befeuchtet.
Kochzeit 15 Min.
Kalorien p. Portion: 143
1 Portion
Allergene: H

Zutaten:

Hirseflocken 1 EL / 10g. - kühl - süß, salzig ....empfehlenswert
Karotte (Mohrrübe, Möhre) 400 g. / 200g. - neutral - süß.............................ja
Mandelmus 1 TL / 3g. - neutral - süß .... wenig
Honig 1/2 TL / 2g. - kalt - süß.. wenig
Wasser 50 ml. / 50g. - kühl - salzig ....ja

Kochanleitung:
Hirseflocken mit 50 ml kaltem Wasser übergießen und 10 Minuten aufquellen lassen. Die frischen Karotten entsaften oder 200 ml. Karottensaft verwenden. Hirseflocken, Karottensaft, Mandelmus und Honig mit dem Mixer fein pürieren.

5.51 Karotten-Hirse-Auflauf mit Apfelkompott

Bewahrt die Säfte, zieht zusammen. Stärkt Milz und Leber, reguliert Qi-Fluss, befeuchtet, entspannt, baut Qi auf, verteilt. Nährt Säfte, befeuchtet Trockenheit, Schwächezustände, produziert Körpersäfte, befeuchtet Darm, kühlt innere Hitze.
Kochzeit 1 Stunde
Kalorien p. Portion: 350
7 Portionen
Allergene: CGH

Zutaten:
Hirse 200 g / 200g. - kühl - süß, salzig..empfehlenswert
Kuhmilch (Vollmilch 3,5 % Fett) 500 ml / 450g. - neutral - süß.......................ja
Zitrone Schale 1/2 Stück / 2g. - kühl - bitter ....ja
Zucker braun 2 EL / 20g. - warm - süß.. wenig
Karotte (Mohrrübe, Möhre) 400 g. / 400g. - neutral - süß..............................ja
Ingwer frisch 2 TL / 6g. - warm - scharf..ja
Acerola Fruchtnektar oder Pulver 1 TL / 2g. - warm - sauer.................... wenig
Mandelmus 50 g. / 50g. - neutral - süß... wenig
Huhn Ei 4 Stück / 240g. - neutral - süß.. wenig
Joghurt (natur, 1,5 % Fett) 150 g. / 150g. - kühl - sauer...............................ja
Butter Bio 1 TL / 4g. - neutral - süß .... wenig
Apfel (sauer) 4 Stück / 600g. - kühl - sauer... wenig
Wasser 300 ml. / 300g. - kühl - salzig ....ja
Nelke 2 Stück / 1g. - warm - scharf ....ja
Zucker braun 1 EL / 10g. - warm - süß.. wenig

Kochanleitung:
Backofen auf 100 ° C (Umluft 8o ° C, Gas Stufe 2) vorheizen.
Die Hirse mit Milch, Zitronenschale und Zucker zum Kochen bringen. Zugedeckt 5 Minuten leicht köcheln, dann zugedeckt im vorgeheizten Ofen bei 20 Minuten ausquellen lassen. Ofen auf mittlere Hitze schalten. Äpfel schälen und im kleine Stücke schneiden, mit dem Wasser, Nelken und Zucker etwa 5 Minuten kochen.
Die Hirse in einer Schüssel mit den geriebenen Karotten, feingehackten Ingwer und Acerola vermischen.
Mandelmus (oder Butter) mit dem Handrührgerät verrühren. Eigelb dazugeben und alles zu einer glatten Creme rühren. Sauerrahm untermischen. Hirse und Karotten untermischen.
Eiweiß sehr steif schlagen und unter die Hirsemasse heben. Eine Auflaufform mit Butter ausstreichen. Die Hirsemasse einfüllen und im vorgeheizten Ofen bei milder Hitze 45 Minuten backen.
Mit dem Apfelkompott servieren.

5.52 Karotten-Kartoffel-Rucola Brötchen

Stärkt Qi, stärkt Milz, lindert Entzündungen, entspannt. Bewegt Qi, reduziert innere Hitze, leitet nach unten. Stärkt Milz und Leber, reguliert Qi-Fluss, befeuchtet, Kochzeit 20 Min.
Kalorien p. Portion: 94
4 Portionen
Allergene: AG

Zutaten:

Kartoffel (mehlige) 200 g / 200g. - neutral - süß.............................ja
Karotte (Mohrrübe, Möhre) 1 Stück / 50g. - neutral - süß.................ja
Sauerrahm 15% Fett 3 EL / 45g. - kühl - sauer.............................ja
Zwiebel Frühlingszwiebel 1 Stück / 20g. - warm - scharf.................ja
Rucola Rauke 1/2 Bund / 100g. - kühl - scharf.................................*
Zitrone Schale 1/4 TL / 1g. - kühl - bitter.......................................ja
Salz 1 Prise / 1g. - kalt - salzig..................................... wenig
Pfeffer gemahlen 1 Prise / 0,2g. - warm - scharf.............................*
Vollkornbrot 8 Scheiben / 48g. - - ....empfehlenswert

Kochanleitung:
Kartoffeln in der Schale weich kochen, abziehen und durch die Kartoffelpresse drücken.
Gemüsebrühe nach Grundrezept kochen und eine Karotte nach kurzer Garzeit herausnehmen und mit der Gabel fein zerdrücken.
Kartoffeln, Karotten, abgeriebene Zitronenschale und Sauerrahm zu einer glatten Creme rühren.
Karotten-Kartoffel-Creme mit fein geschnittenem Rucola verrühren. Den Aufstrich mit Salz und Pfeffer abschmecken und die Brote bestreichen. Mit den fein geschnittenen Jungzwiebeln bestreuen.

5.53 Karpfensuppe

Nährend und leicht erwärmend, stärkt die Mitte und den Unteren Erwärmer entfernt Feuchtigkeit.
Kochzeit 2 Stunden
Kalorien p. Portion: 166
6 Portionen
Allergene: DO

Zutaten:

Karpfen 500 g. / 500g. - neutral - salzig .... wenig
Salz 1 Prise / 1g. - kalt - salzig.................................... wenig
Essig (Apfelessig) 1 TL / 3g. - warm - sauer, bitter ....ja
Thymian 1 Zweig / 3g. - warm - bitter.......................................ja

Wacholderbeere 8 Stück / 3g. - warm - süß, scharf, bitter ....empfehlenswert
Karotte (Mohrrübe, Möhre) 2 Stück / 200g. - neutral - süß.............................ja
Lauch (Porree) 1 Stück / 200g. - warm - scharf..ja
Zwiebel weiss 1 Stück / 60g. - warm - scharf ....ja
Ingwer frisch 1/2 TL / 2g. - warm - scharf...ja
Lorbeerblatt 3 Blatt / 1g. - warm - scharf..ja
Weißwein 1/8 Liter / 125g. - kühl - süß, bitter, scharf............................. wenig
Basilikum 3 Blatt / 1g. - warm - scharf, bitter..ja
Wasser 1 Liter / 800g. - kühl - salzig..ja

Kochanleitung:
Vorbereitung: Beim Einkauf im Fischgeschäft die Filets von einem
mittelgroßen, ganzen Karpfen herauslösen und Fischkopf, Rückgrat mit
Gräten und Schwanz ebenfalls einpacken lassen.

Die Filetstücke in 1 cm große Würfel schneiden; etwas salzen und
beiseite stellen.

Fischkopf, Rückgrat mit Gräten und Schwanz des Karpfens in reichlich
kaltes Wasser geben; zum Kochen bringen und den Schaum
abschöpfen; einen Spritzer Essig, einen frischen Zweig Thymian,
Wacholderbeeren zufügen; Karotte, ein Stück Lauch und grob
zerkleinerte Zwiebel hineingeben; eine dicke Scheibe Ingwer, einige
Pfefferkörner, 1 Lorbeerblatt, Salz zugeben; etwa 1 1/2 Stunden
köcheln und den Fond durch ein Sieb gießen.

Die Karpfenstücke in einen Topf geben; einen Schuss Weißwein
zugießen; Rosenpaprika, Basilikumblättchen, fein gestiftete Karotten,
getrockneten Thymian und den Fond zugeben und erwärmen; die
Zutaten etwa 5 Minuten sieden lassen, bis die Fischstücke gar sind.
Varianten: Die Suppe mit Kuzu oder Kartoffelbrei andicken.
Dazu passt: Baguette und trockener Weißwein.

5.54 Kartoffel-Basilikumsuppe

Stärkt Magen-Qi, befeuchtet, entspannt, baut Qi auf, verteilt. Stärkt Qi,
stärkt Milz, lindert Entzündungen, verteilt. Stärkt Milz und Leber,
reguliert Qi-Fluss.
Kochzeit 25 min.
Kalorien p. Portion: 96
4 Portionen
Allergene: L

Zutaten:

Wasser 500 ml / 450g. - kühl - salzig .... ja
Kartoffel 4 Stück / 200g. - neutral - süß .... ja
Karotte (Mohrrübe, Möhre) 2 Stück / 100g. - neutral - süß .... ja
Sellerie Knolle 1 Stück / 500g. - kühl - süß .... ja
Pfeffer gemahlen 1 Prise / 0,5g. - warm - scharf .... *
Kümmel 1 Prise / 1g. - warm - scharf .... ja
Knoblauch 1 Zehe / 3g. - heiß - scharf .... ja
Salz 1 Prise / 1g. - kalt - salzig .... wenig
Zitrone 1 TL / 3g. - kalt - sauer .... ja
Basilikum (frisch) 1 Bund / 50g. - warm - scharf, bitter .... ja
Rosenpaprika Pulver 1 Prise / 1g. - warm - .... ja
Zucker Ursüße (Zuckerrohr) 1 Prise / 1g. - kühl - süß .... wenig
Olivenöl 1 EL / 10g. - kühl - süß .... ja

Kochanleitung:

In einem Topf mit heißem Wasser 4 mittelgroße Kartoffeln geschält und kleingeschnitten und 2 mittelgroße Karotten kleingeschnitten geben, ein Stück von 1 Sellerieknolle, eine Prise Pfeffer, eine Prise gemahlenen Kümmel, 1 kleine Knoblauchzehe zerdrückt, eine Prise Salz, 1 TL Zitronensaft köcheln, bis das Gemüse weich ist.
Von 1 Bund Basilikum fein gehackt eine Hälfte in die Suppe geben und alles pürieren; die andere Hälfte des Basilikums anschließend unterrühren; mit Rosenpaprika, einer Prise Vollrohrzucker, 1 EL Olivenöl oder Butter, frisch gemahlenem Pfeffer, Salz abschmecken.

5.55 Kartoffelcreme mit Kräuter-Frischkäse

Stärkt Qi, stärkt Milz, lindert Entzündungen, befeuchtet, entspannt, baut Qi auf, verteilt. Bewahrt die Säfte, zieht zusammen. Leitet nach oben.
Nährt Blut und Leber,
harmonisiert Leber und Milz.
Kochzeit 25 Min.
Kalorien p. Portion: 217
2 Portionen
Allergene: G

Zutaten:

Kartoffel (mehlige) 250 g. / 250g. - neutral - süß .... ja
Frischkäse 80 g. / 80g. - kühl - sauer .... ja
Joghurt (natur, 1,5 % Fett) 3 EL / 45g. - kühl - sauer .... ja
Lauchzwiebel Schnittlauch 1/2 Bund / 50g. - warm - scharf .... ja
Basilikum (frisch) 1 TL / 4g. - warm - scharf, bitter .... ja
Petersilie 1 TL / 4g. - warm - bitter .... ja
Dill 1/2 TL / 2g. - warm - scharf .... ja

Salz 1 Prise / 1g. - kalt - salzig .... wenig
Schwarzkümmel 1 Prise / 0,5g. - warm - scharf, süß ....ja
Pfeffer gemahlen 1 Prise / 0,5g. - warm - scharf ....*

Kochanleitung:
Kartoffeln in der Schale weich dämpfen, abziehen und durch die
Kartoffelpresse drücken.
Frischkäse, Joghurt und Kräuter unter die Kartoffeln mischen, mit Salz,
zerstoßenem Schwarzkümmel und Pfeffer abschmecken.

5.56 Kartoffeln mit Bärlauch-Topfen

Stärkt Qi, stärkt Milz, lindert Entzündungen. Nährt Blut und Yin, stärkt
Zang-Organe, stärkt Magen-Darm, harmonisiert Qi, lindert
Alkoholvergiftung, befeuchtet Lunge, bewegt Qi.
Kochzeit 20 Min.
Kalorien p. Portion: 254
2 Portionen
Allergene: G

Zutaten:
Kartoffel 300 g. / 300g. - neutral - süß ....ja
Salz 1 Prise / 0,1g. - kalt - salzig .... wenig
Bärlauch (Knoblauchspinat) 2 Handvoll / 30g. - warm - süß, etwas scharf .....ja
Topfen 20% 250 g. / 250g. - kühl - sauer ....ja
Joghurt (natur, 1,5 % Fett) 2 EL / 20g. - kühl - sauer ....ja
Salz 1 Prise / 1g. - kalt - salzig .... wenig

Kochanleitung:
Kartoffeln in Salzwasser kochen und schälen.
Die Bärlauchblätter werden gewaschen und vorsichtig abgetrocknet und
in feine Streifen geschnitten. Topfen, Jogurt und Salz vermischen und
die gehackten Bärlauch stücke untermischen. Zu den Kartoffeln
servieren.
In der Jahreszeit in der kein Bärlauch wächst kann das Bärlauch-Pesto
verwendet werden.

5.57 Kartoffeltaschen mit Wildkräutern mit Tomatensauce

Stärkt Qi, stärkt Milz, lindert Entzündungen, befeuchtet, entspannt, baut Qi auf, verteilt. Nährt Yin von Herz und Niere, befeuchtet, bewahrt die Säfte, zieht Kochzeit 45 Min.
Kalorien p. Portion: 418
5 Portionen
Allergene: ACG

Zutaten:
Olivenöl 1 EL / 10g. - kühl - süß ....ja
Zwiebel weiss 1 Stück / 50g. - warm - scharf ....ja
Knoblauch 1 Stück / 2g. - heiß - scharf ....ja
Tomatenpüre 400 g. / 400g. - kalt - süß-sauer ....ja
Salz 1 Prise / 1g. - kalt - salzig .... wenig
Pfeffer gemahlen 1 Prise / 0,5g. - warm - scharf ....*
Sahne, süß 30% 1 EL / 10g. - neutral - süß .... wenig
Kartoffel 650 g. / 650g. - neutral - süß...ja
Weizen Mehl 200 g / 200g. - kühl - süß, salzig..ja
Huhn Ei 1 Stück / 60g. - neutral - süß .... wenig
Salz 1 Prise / 1g. - kalt - salzig .... wenig
Pfeffer gemahlen 1 Prise / 0,5g. - warm - scharf ....*
Muskatnuss 1 Prise / 0,2g. - warm - scharf ....ja
Brennnessel 50 g. / 50g. - neutral - bitter ....ja
Löwenzahn (junger) 30 g. / 30g. - kühl - süß, bitter..ja
Schafgarbe 30 g. / 30g. - kalt - bitter ....ja
Kerbel getrocknet 10 g. / 10g. - warm - süß ....ja
Spitzwegerichtee 10 g. / 10g. - - ....ja
Petersilie 50 g. / 50g. - warm - bitter ....ja
Olivenöl 1 EL / 10g. - kühl - süß ....ja
Knoblauch 1 Stück / 2g. - heiß - scharf ....ja
Topfen 20% 4 EL / 40g. - kühl - sauer..ja
Mayonnaise 50% 1 EL / 10g. - - .... wenig
Salz Kräutersalz 1/2 TL / 2g. - kalt - .... wenig
Schwarzkümmel 1 Prise / 1g. - warm - scharf, süß ....ja
Pfeffer gemahlen 1 Prise / 0,5g. - warm - scharf ....*
Emmentaler 10 dag. / 100g. - neutral - süß... wenig

Kochanleitung:
Tomatensauce:
Öl erhitzen, in Würfel geschnittene Zwiebel mit dem zerdrückten Knoblauch andünsten. Tomatenpüree zu den Zwiebeln geben. 2 Minuten unter Rühren eindicken lassen, mit Salz und Pfeffer würzen und die Sahne hinzugeben und in eine feuerfeste Form geben.

Kartoffelteig:
Festkochende Kartoffel gar kochen, abgießen, schälen und durchpressen. In einer Schüssel mit Mehl, Parmesan, Ei, und Gewürzen vermengen. Den Teig auf einer leicht bemehlten Arbeitsfläche ausrollen und in 5 cm große Vierecke schneiden. Kräuterfüllung: Kräuter hacken und mit Öl, Knoblauch, Topfen, Mayonnaise, Kräutersalz, zerstoßenem Schwarzkümmel und Pfeffer zu einer cremigen Masse vermischen.
Auf die Teigflecken mit einem Löffel in die Mitte geben. Zu einem Dreieck zusammenklappen, Rand festdrücken und die Taschen in reichlich Salzwasser gar ziehen lassen, bis sie oben schwimmen. Auf die Tomaten geben, mit dem geriebenem
Käse bestreuen und im Ofen goldbraun überbacken.

5.58 Kompott aus Birnen

Stärkt das Lungen Qi. Ideal als Kur im Herbst.
Kochzeit 10 Min.
Kalorien p. Portion: 122
4 Portionen

Zutaten:
Wasser 300 ml. / 280g. - kühl - salzig ....ja
Birne 4 Stück / 800g. - kühl - süß, sauer ....ja
Anis (gemeiner Fenchel) 1/2 TL / 1g. - warm - scharf ....ja
Vanilleschote 1 Prise / 1g. - neutral - süß..ja
Chili (Schote oder gemahlen) ganz wenig / 0,2g. - heiß - scharf....................ja
Kakao 1 Prise / 1g. - warm - süß, bitter..ja

Kochanleitung:
Birnen (BIO) mit Schale und Kernen mit Anis, Vanille, Chili weich kochen. Mit Kakao bestreuen.

5.59 Kompott aus Zwetschken

Erwärmt Magen und Milz, fördert Durchblutung und Leitbahnfluss, lindert Kälte-Übel und Schmerzen.
Kochzeit 10 Min.
Kalorien p. Portion: 22
2 Portionen

Zutaten:
Zwetschken 100 g. / 100g. - warm - süß, sauer ....empfehlenswert
Wasser 2 Tassen / 240g. - kühl - salzig ....ja
Zimtpulver 1 Prise / 1g. - heiß - scharf, süß ....ja

Kochanleitung:
Zwetschken im Wasser weich kochen. Mit etwas Zimt bestreuen.

5.60 Kopfsalat mit Essigdressing

Kühlt bei innerer Hitze, trocknet aus. Reguliert Qi, wärmt Milz und
Niere, löst Stagnation. Befeuchtet, führt ab, antiparasitisch; nährt Yin,
befeuchtet, entspannt, baut Qi auf, verteilt. Bewegt Blut, bewahrt die
Säfte, zieht zusammen.
Kochzeit 10 Min.
Kalorien p. Portion: 68
2 Portionen
Allergene: O

Zutaten:
Kopfsalat 1 Stück / 200g. - kühl - süß, bitter...ja
Essig (Apfelessig) 1 EL / 10g. - warm - sauer, bitter ....ja
Wasser 1 EL / 10g. - kühl - salzig...ja
Rapsöl 1 EL / 10g. - neutral - süß ....ja
Zwiebel Frühlingszwiebel 1 Stück / 20g. - warm - scharf.............................ja
Salz 1 Prise / 0,5g. - kalt - salzig .... wenig
Pfeffer gemahlen 1 Prise / 0,1g. - warm - scharf..*
Lauchzwiebel Schnittlauch 1 EL / 5g. - warm - scharf.................................ja

Kochanleitung:
Kopfsalat putzen, waschen und abtropfen lassen. Zutaten zur Marinade
in Extragefäß vermengen. Salat mit Marinade kurz vor dem Verzehr
anmachen. Kurz vorher, mit Schnittlauch bestreuen.

5.61 Kürbiscurry

Stärkt Lunge und Milz, diuretisch, stärkt Qi, schützt Leber. Wärmt
Magen und Milz, harmonisiert den Darm, stärkt Qi-Funktion, reduziert
Feuchtigkeit. Befeuchtet, entspannt, baut Qi auf, verteilt. Nährt Blut und
Leber, harmonisiert Leber und Milz.
Kochzeit 20 Min.
Kalorien p. Portion: 193
3 Portionen

Zutaten:

Kürbis 300 g. / 300g. - warm - süß ....ja
Olivenöl 2 EL / 30g. - kühl - süß ....ja
Koriander 1 Prise / 1g. - warm - scharf...ja
Pfeffer gemahlen 1 Prise / 0,5g. - warm - scharf .... *
Curry 1 Prise / 1g. - warm - scharf ....ja
Wasser 50 ml / 50g. - kühl - salzig ....ja
Salz 1 Prise / 1g. - kalt - salzig.. wenig
Petersilie 1 EL / 7g. - warm - bitter ....ja
Kardamom 1 Prise / 1g. - warm - scharf...ja
Kurkuma (Gelbwurz) 1 Prise / 1g. - warm - bitter ....ja
Reis Vollkorn 1/2 Tasse / 60g. - warm - süß ....empfehlenswert
Wasser 3 Tassen / 300g. - kühl - salzig ....ja
Salz 1 Prise / 1g. - kalt - salzig.. wenig

Kochanleitung:

Olivenöl in Pfanne erwärmen. Kürbis in Würfel geschnitten darin andünsten, würzen mit Koriander, Pfeffer und Curry, ablöschen mit wenig Wasser, mit Meersalz salzen, klein geschnittene Petersilie dazugeben mit Kardamom und Kurkuma würzen, auf kleinem Feuer ca. 10 Min. köcheln, je nach Kürbisart, der Kürbis sollte noch bissfest sein.

Den Reis im gesalzenen Wasser zustellen, aufkochen lassen und bei kleiner Hitze ca. 15 Min. Quellen lassen.

5.62 Kürbissuppe

Stärkt Lunge und Milz, diuretisch, stärkt Qi, schützt Leber. Stärkt Qi, stärkt Milz, lindert Entzündungen, befeuchtet, entspannt, baut Qi auf, verteilt. Stärkt Milz und Leber, reguliert Qi-Fluss, befeuchtet, entspannt, baut Qi auf, verteilt.
Kochzeit 1 Stunde
Kalorien p. Portion: 105
3 Portionen

Zutaten:

Kürbis 300 g. / 300g. - warm - süß ....ja
Karotte (Mohrrübe, Möhre) 2 Stück / 100g. - neutral - süß.............................ja
Kartoffel 2 Stück / 120g. - neutral - süß..ja
Olivenöl 1 EL / 10g. - kühl - süß ....ja
Zwiebel weiss 1 Stück / 50g. - warm - scharf ....ja
Wasser 1 Tasse / 120g. - kühl - salzig ....ja
Petersilie 1 EL / 7g. - warm - bitter ....ja
Anis (gemeiner Fenchel) 1 Prise / 1g. - warm - scharf ....ja
Salz 1 Prise / 1g. - kalt - salzig.. wenig

Kochanleitung:
Olivenöl in Pfanne geben, in Würfel geschnittener Kürbis, gewürfelte Karotten und Kartoffel dazugeben, kurz andünsten, klein geschnittene Zwiebel dazugeben, mit Wasser auffüllen, soviel Wasser, dass das Gemüse mind. 3 Fingerbreiten bedeckt ist, Aufkochen lassen und dann auf kleines Feuer stellen.

Mit Meersalz salzen, klein geschnittene Petersilie dazugeben, eine Prise Anis (wenig), evt. noch nachwürzen. Alles zusammen ca. 35 Minuten köcheln lassen. Anschließend die Suppe pürieren und evt. nochmals Wasser dazugeben, je nach Konsistenz der Suppe.

5.63 Marinierter Kabeljau auf Kürbispüre

Stärkt Qi, stärkt Milz, lindert Entzündungen, befeuchtet, entspannt, baut Qi auf, verteilt. Stärkt Qi von Milz und Nieren, weicht auf, leitet nach unten. Stärkt Lunge und Milz, diuretisch, stärkt Qi, schützt Leber.
Kochzeit 2 Stunden
Kalorien p. Portion: 202
4 Portionen
Allergene: DG

Zutaten:
Kartoffel 6 Stück / 400g. - neutral - süß.....................................ja
Kürbis 200 g / 200g. - warm - süß ....ja
Zwiebel weiss 1 Stück / 50g. - warm - scharf ....ja
Oregano getrocknet 1/2 TL / 1g. - warm - bitter ....ja
Zitrone Saft 1/2 Stück / 15g. - kalt - sauer.............................ja
Salz 1 Prise / 1g. - kalt - salzig .... wenig
Pfeffer gemahlen 1 Prise / 0,3g. - warm - scharf........................ *
Creme fraîche 2 EL / 30g. - neutral - süß............................ wenig
Joghurt (natur, 1,5 % Fett) 150 g. / 150g. - kühl - sauer............ja
Oregano getrocknet 1/4 TL / 1g. - warm - bitter ....ja
Basilikum (frisch) 1/2 TL / 2g. - warm - scharf, bitter ....ja
Kabeljau 300 g. / 300g. - warm - salzig ....ja
Salz 1 Prise / 1g. - kalt - salzig .... wenig
Pfeffer gemahlen 1 Prise / 0,3g. - warm - scharf........................ *
Olivenöl 1 TL / 3g. - kühl - süß ....ja

Kochanleitung:
Joghurt mit Oregano, Basilikum und Thymian vermischen. Fischfilets abwaschen, trockentupfen, in eine flache Form legen und mit der Marinade übergießen. 2 Stunden im Kühlschrank durchziehen lassen. Kartoffel in Salzwasser weichkochen und schälen.

Zwiebel in Öl glasig anschwitzen, den kleingewürfelten Kürbis hinzugeben und ca. 10 min. kochen. Oregano, Zitronensaft, Salz, Pfeffer und Creme fraîche dazugeben und mit dem Mixer pürieren. Fischfilets aus der Marinade nehmen, abtropfen lassen, trockentupfen und salzen. Eine beschichtete, Grillpfanne mit 2 TL Öl bestreichen. Die Fischfilets auf beiden Seiten je 3 - 4 Minuten braten und mit den Kartoffeln auf dem Kürbispüree anrichten.

5.64 Misosuppe mit Tofu

Nähren die Säfte, bewahrt die Säfte, zieht zusammen. Nährt Säfte, lässt Qi aufsteigen, harmonisiert Milz und Magen, befeuchtet, entspannt, baut Qi auf, verteilt.
Reguliert Qi, wärmt Milz und Niere, löst Stagnation, leitet nach oben.
Kochzeit 5 min.
Kalorien p. Portion: 51
3 Portionen
Allergene: E

Zutaten:
Wakame 1 Stück / 5g. - kalt - salzig .... ja
Miso 3-4 EL / 30g. - neutral - salzig .... ja
Soja Tofu 50 g. / 50g. - kühl - süß .... ja
Wasser 1/2 Liter / 500g. - kühl - salzig .... ja
Sojasauce 1 Schuss / 3g. - kalt - salzig .... ja
Zwiebel Frühlingszwiebel 1/2 EL / 6g. - warm - scharf .... ja

Kochanleitung:
Wasser, Sojakeimlinge, Wakamealge und in Würfel geschnittenen Tofu 5 Min aufwärmen. Misopaste in Suppenteller geben und langsam mit heißer Suppe übergießen. Mit Tamari Sauce abschmecken. Eventuell Frühlingszwiebel dazu.

5.65 Nudel-Auflauf mit Topfen und Pfirsichen

Nährt Yin und Jing von Herz und Niere, reduziert innere Hitze, bewahrt die Säfte, zieht zusammen, befeuchtet, beruhigt Nerven und Magen.
Nährt Blut und Säfte, bewegt Blut, baut Qi auf, verteilt. Erwärmt Magen und Milz.
Kochzeit 1 Stunde
Kalorien p. Portion: 442
4 Portionen
Allergene: ACGO

Zutaten:

Pfirsich 500 g. / 500g. - warm - sauer, süß..ja
Nudeln (Weizen, Bandnudeln) mit Ei 200 g / 200g. - kühl - süß, salzig.... wenig
Huhn Ei 2 Stück / 120g. - neutral - süß .... wenig
Zucker (Staubzucker) 40 g. / 40g. - kalt - süß .... wenig
Vanillezucker natur 3 Paket / 3g. - neutral - süß .... wenig
Zitrone Schale 1/2 Stück / 2g. - kühl - bitter ....ja
Zimtpulver 1/4 TL / 1g. - heiß - scharf, süß ....ja
Topfen 20% 250 g. / 250g. - kühl - sauer ....ja
Butter Bio 2 TL / 8g. - neutral - süß.. wenig
Erdbeermarmelade 4 EL / 50g. - neutral - süß, sauer .... wenig

Kochanleitung:
Ofen auf 180 ° C vorheizen.
Pfirsiche kurz in kochendes Wasser legen, abgießen, abtropfen lassen
und die Haut abziehen. Pfirsiche in kleine Spalten schneiden.
Nudeln in reichlich Salzwasser bissfest kochen, abgießen, kalt
abschrecken und abtropfen lassen.
Eier trennen. Eigelb mit Staubzucker, Vanillezucker, abgeriebene
Zitronenschale und Zimt mit dem Schneebesen schaumig rühren.
Topfen einrühren. Die Nudeln untermischen.
Eiweiß zu festem Schnee schlagen, vorsichtig unter die Nudelmasse
heben.
Eine Auflaufform dünn mit Butter ausstreichen. Abwechselnd Topfen-
Nudelmasse und Pfirsichspalten in die Form schichten. Mit der
Nudelmasse abschließen. Den Auflauf mit Butterflöckchen bestreuen
und im vorgeheizten Ofen 3o Minuten backen.
Portionsweise mit einem Esslöffel Marmelade anrichten.

5.66 Ofenkartoffeln mit Sellerie-Topfen

Stärkt Qi, stärkt Milz, lindert Entzündungen, befeuchtet, entspannt, baut
Qi auf, verteilt. Bewahrt die Säfte, zieht zusammen. Stärkt Magen-Qi
und Leber, reguliert Kochzeit 30 Min.
Kalorien p. Portion: 304
2 Portionen
Allergene: GL

Zutaten:

Sellerie Knolle 80 g. / 80g. - kühl - süß ....ja
Grundrezept für eine Gemüsebrühe nahrhaft 100 ml. / 100g. - neutral - * ......ja
Kümmel gemahlen 1 Prise / 0,2g. - warm - ....ja
Zitrone Schale 1/2 TL / 1g. - kühl - bitter ....ja

Salz 1 Prise / 1g. - kalt - salzig .... wenig
Pfeffer gemahlen 1 Prise / 0,2g. - warm - scharf .... *
Zitrone Saft 1 TL / 3g. - kalt - sauer .... ja
Topfen 20% 200 g. / 200g. - kühl - sauer .... ja
Creme fraîche 1/2 EL / 5g. - neutral - süß .... wenig
Kartoffel 6 Stück / 400g. - neutral - süß .... ja
Olivenöl 2 TL / 5g. - kühl - süß .... ja
Salz 1 Prise / 1g. - kalt - salzig .... wenig

Kochanleitung:
Sellerie-Topfen
Sellerie mit Gemüsebrühe nach Grundrezept, Kümmel und
Zitronenschale zum Kochen bringen. Zugedeckt ca. 8 Minuten köcheln,
bis die Sellerie weich und die Gemüsebrühe fast verdampft ist. Mit dem
Mixstab die Sellerie-Gemüsebrühe mit dem Zitronensaft fein pürieren,
mit dem Topfen glatt rühren. Mit Salz und Pfeffer abschmecken.
Ofenkartoffeln
Ofen auf 200 ° C vorheizen.
Kartoffeln gut abbürsten, längs halbieren und mit der Schnittfläche nach
oben, nebeneinander auf ein Backblech setzen. Schnittflächen leicht
salzen und mit Öl beträufeln. Kartoffeln im Ofen ca. 25 Minuten backen.
Sellerie-Topfen zu den Kartoffeln reichen.

5.67 Olivenöl mit Zitronensaft

Befeuchtet, entspannt, baut Qi auf, verteilt. Kühlt Hitze, bewahrt die
Säfte, zieht zusammen.
Kochzeit 1 min.
Kalorien p. Portion: 93
1 Portion

Zutaten:
Olivenöl 1 EL / 10g. - kühl - süß .... ja
Zitrone Saft 1 TL / 4g. - kalt - sauer .... ja

Kochanleitung:
Bei akuter Verstopfung morgens auf nüchternen Magen 1 Esslöffel
Olivenöl mit Zitronensaft einnehmen.

5.68 Palatschinken mit Spinat und Parmesan

Nährt Blut und Yin, stärkt Zang-Organe, stärkt Magen-Darm, harmonisiert Qi, befeuchtet Lunge. Nährt Säfte, befeuchtet Trockenheit. Stärkt Blut, Yin und Jing, nährt Yin. Nährt Yin von Herz und Niere, befeuchtet, bewahrt die Säfte, zieht Kochzeit 25 Min.
Kalorien p. Portion: 330
6 Portionen
Allergene: ACGL

Zutaten:
Vollkornmehl 100 g. / 100g. - kühl - ....empfehlenswert
Weizen Mehl 100 g. / 100g. - kühl - süß, salzig.................................ja
Huhn Ei 4 Stück / 200g. - neutral - süß .... wenig
Kuhmilch (Vollmilch 3,5 % Fett) 400 ml. / 400g. - neutral - süß....................ja
Salz 1 Prise / 1g. - kalt - salzig................................. wenig
Sonnenblumenöl 1 EL / 15g. - kühl - süß .... wenig
Olivenöl 1 EL / 15g. - kühl - süß ....ja
Zwiebel weiss 1 Stück / 50g. - warm - scharf ....ja
Petersilie 1/2 Bund / 80g. - warm - bitter ....ja
Grundrezept für eine Gemüsebrühe nahrhaft 150 ml. / 150g. - neutral - * ......ja
Basilikum (frisch) 1/4 TL / 1g. - warm - scharf, bitter ....ja
Muskatnuss 1 Prise / 0,3g. - warm - scharf ....ja
Creme fraîche 3 EL / 45g. - neutral - süß.................................. wenig
Spinat 600 g. / 600g. - kühl - süß, rau ....ja
Salz 1 Prise / 1g. - kalt - salzig................................. wenig
Pfeffer gemahlen 1 Prise / 0,1g. - warm - scharf................................... *
Parmesan 60 g. / 60g. - salzig - süß ....ja

Kochanleitung:
Mehl, Eier und Milch und eine Prise Salz mit dem Schneebesen glatt rühren. Aus dem Teig Palatschinken auf beiden Seiten knusprig braun braten.

Öl in einem kleinen Topf erhitzen. Kleingeschnittene Zwiebel darin gut weich dünsten. Kleingehackte Petersilie unterrühren, kurz mitdünsten. Mit der Gemüsebrühe nach Grundrezept aufgießen, mit Basilikum und Muskat würzen. Zugedeckt 15 Minuten köcheln, Creme fraîche dazugeben und alles fein pürieren.
Den gewaschenen tropfnassen Spinat mit etwas Salz in einem geschlossenen Topf bei mäßiger Hitze in 3 Minuten kochen, in einem Sieb abtropfen lassen und in kleine Stücke schneiden.
Spinat in die Soße rühren, kurz erhitzen. Parmesan untermischen.
Die Palatschinken mit dem Cremespinat füllen.

5.69 Pikante Avocadocreme mit Hüttenkäse

Nährt Yin von Leber, Lunge und Dickdarm, befeuchtet, baut Qi auf, verteilt. Kühlt Hitze, bewahrt die Säfte. Befeuchtet, entspannt, baut Qi auf, verteilt. Vertreibt Kälte, löst Stagnation, treibt Schweiß, regt Nerven an.
Kochzeit 15 Min.
Kalorien p. Portion: 614
4 Portionen
Allergene: G

Zutaten:
Avocado 2 Stück / 600g. - kalt - süß ....ja
Pfeffer gemahlen 1 Prise / 0,5g. - warm - scharf .... *
Salz 1 Prise / 1g. - kalt - salzig .... wenig
Zitrone Saft 1/2 Stück / 15g. - kalt - sauer ....ja
Rosenpaprika Pulver 1 Prise / 1g. - warm - ....ja
Olivenöl 1 EL / 10g. - kühl - süß ....ja
Chili (Schote oder gemahlen) 1 Prise / 0,5g. - heiß - scharf ....ja
Kräuter verschiedene 1 EL / 7g. - - * ....ja
Hüttenkäse 1 Becher / 250g. - kühl - sauer ....ja
Brot mit Johannisbrotkernmehl 8 Scheiben / 200g. - - ....ja

Kochanleitung:
Avocados schälen, entkernen und pürieren; reichlich gemahlenen Pfeffer, Salz, Zitronensaft, Rosenpaprika, einige Tropfen Öl, Chili, frischen gehackte Kräuter, eine Prise Salz zugeben; Hüttenkäse (etwa die gleiche Menge wie Avocadocreme), vorsichtig untermengen.

Passt zu: Kartoffeln und Hirse, mit denen die Avocadocreme in Kombination mit Gemüsegerichten, Hülsenfrüchten oder Blattsalaten eine delikate Mahlzeit ergibt. Eignet sich auch sehr gut als Vorspeise, als Mitbringsel auf Partys und als Morgenmahlzeit im Sommer zusammen mit einem milden Gericht aus Linsen oder Adzukibohnen und geraspeltem Rettich.

5.70 Polenta mit Pfirsich

Nährt Blut und Säfte, bewegt Blut, baut Qi auf, verteilt. Stärkt Magen-Qi, diuretisch, befeuchtet, entspannt, baut Qi auf, verteilt. Erwärmt Magen und Milz, fördert Durchblutung und Leitbahnfluss, lindert Kälte-Übel und Schmerzen.
Kochzeit 20 min
Kalorien p. Portion: 197
3 Portionen

Zutaten:

Wasser 2 Tassen / 240g. - kühl - salzig .... ja
Mais Gries (Polenta) 1 Tasse / 120g. - neutral - süß .... ja
Pfirsich 2-3 Stück / 400g. - warm - sauer, süß .... ja
Vanilleschote 1 Prise / 1g. - neutral - süß .... ja
Chili (Schote oder gemahlen) 1 Prise / 0,1g. - heiß - scharf .... ja
Zimtpulver 1 Prise / 1g. - heiß - scharf, süß .... ja

Kochanleitung:

Die Polenta in einen Topf mit heißem Wasser unter ständigem Rühren einrieseln bis die Polenta die gewünschte Konsistenz hat. Die Polenta vom Feuer ziehen und ca 10 min quellen lassen.

Frische Pfirsiche waschen und in Viertel schneiden. In die fertige Polenta die Pfirsiche hineinschneiden, Vanille und nach Geschmack Chili dazugeben, umrühren und 3 min ziehen lassen.

Wintervariante: Eingelegtes Obst, Birne, Äpfel

5.71 Polentaschnitte mit Ratatouille

Stärkt Magen-Qi, diuretisch, befeuchtet, entspannt, baut Qi auf, verteilt. Nährt Leber-
Yin, kühlt Hitze, produziert Körpersäfte. Kühlt und bewegt Blut, reduziert äußeren und inneren Wind, reduziert innere Hitze.
Kochzeit 30 min
Kalorien p. Portion: 226
4 Portionen
Allergene: G

Zutaten:

Mais Gries (Polenta) 1 Tasse / 120g. - neutral - süß .... ja
Wasser 2 Tassen / 240g. - kühl - salzig .... ja
Aubergine 1 Stück (große) / 200g. - kühl - süß .... ja
Zucchini 2 Stück / 500g. - kühl - süß .... empfehlenswert
Zwiebel weiss 2 Stück / 120g. - warm - scharf .... ja
Tomate 4 Stück (passiert) / 200g. - kalt - süß-sauer .... ja
Olivenöl 2 EL / 20g. - kühl - süß .... ja
Salz 1 Prise / 0,5g. - kalt - salzig .... wenig
Petersilie 1 EL gehackte / 8g. - warm - bitter .... ja
Thymian 1/2 TL / 1g. - warm - bitter .... ja
Zwiebel Frühlingszwiebel 2 EL gehackte / 12g. - warm - scharf .... ja
Basilikum 4 Blätter / 2g. - warm - scharf, bitter .... ja
Parmesan 2 EL / 20g. - salzig - süß .... ja

Kochanleitung:
Doppelte Menge Wasser zu Polenta mit Salz und Öl zum Kochen bringen. Polenta unter ständigem Rühren einrieseln lassen.
Vom Feuer nehmen und 20 min quellen lassen. Inzwischen geschnittene Zwiebel in Topf mit heißem Öl geben. Gewürfelte Zucchini, Tomaten und Melanzani dazugeben und ca. 20 min dünsten.
Basilikum, Thymian, Salz dazugeben.
Blech mit Öl bestreichen, Polenta gleichmäßig auftragen und warten bis es fester wird.
Gekochte Ratatouille auf Polente darüber geben, portionieren und dann für paar min in den Backofen (eventuell mit geriebenen Parmesan).
Mit frischer Petersilie und fein geschnittenen Frühlingszwiebel bestreuen.
Der wertvolle Tipp: Die Polentaschnitten sind ideal für unterwegs.

5.72 Preiselbeer-Joghurt-Mix

Befeuchtet Trockenheit, bewahrt die Säfte, zieht zusammen. Bewahrt die Säfte, zieht
zusammen, bitter, kalt.
Kochzeit 5 Min.
Kalorien p. Portion: 57
2 Portionen
Allergene: GO

Zutaten:
Joghurt (natur, 1,5 % Fett) 125 g. / 125g. - kühl - sauer..................................ja
Preiselbeermarmelade 2 EL / 20g. - neutral - süß. Sauer ....ja
Mineralwasser 250 ml. / 250g. - kühl - .... wenig

Kochanleitung:
Joghurt, Preiselbeer-Marmelade und Mineralwasser mit dem Standmixer schaumig rühren.

5.73 Pudding Vanille

Nährt Säfte, befeuchtet Trockenheit, Schwächezustände, produziert Körpersäfte, befeuchtet Darm, kühlt innere Hitze.
Kochzeit 10 Min.
Kalorien p. Portion: 254
2 Portionen
Allergene: G

Zutaten:

Kuhmilch (Vollmilch 3,5 % Fett) 500 ml. / 500g. - neutral - süß.....................ja
Puddingpulver Vanille 1 Paket / 37g. - -...ja
Zucker (weiß, aus Rüben) 1 EL / 12g. - kalt - süß...................................wenig

Kochanleitung:

3-5 EL Milch in eine Tasse geben, den Rest in einem Topf zum kochen bringen. Das Puddingpulver in die Tasse geben und klumpenfrei verrühren. Sowie die Milch kocht die Mischung dazugeben und unter ständigem Rühren auf kleiner Flamme ca. 3 Minuten kochen. In vorbereitete Schüsseln aufteilen.

5.74 Putenbrust mit Gemüse (Asiatisch)

Stärkt Qi, Blut und Jing, Mittleren Erwärmer, stärkt Essenz, zieht zusammen. Wärmt Magen und Milz, harmonisiert den Darm, stärkt Qi-Funktion, reduziert Feuchtigkeit. Reguliert Qi, wärmt Milz und Niere, löst Stagnation, leitet nach oben.
Kochzeit 45 Min.
Kalorien p. Portion: 535
2 Portionen
Allergene: AEN

Zutaten:

Reis Sorte beliebig 1 Tasse / 120g. - warm - süß ....wenig
Wasser 6 Tassen / 240g. - kühl - salzig...ja
Pute Brustfleisch 200 g / 200g. - warm - süß ....wenig
Ingwer frisch 1 cm. / 3g. - warm - scharf ....ja
Knoblauch 1 Stück / 2g. - heiß - scharf ....ja
Sojasauce 2 EL / 20g. - kalt - salzig ....ja
Weizen Mehl 2 TL / 15g. - kühl - süß, salzig ....ja
Zwiebel Frühlingszwiebel 2 Stück / 40g. - warm - scharf..........................ja
Paprika 1/2 Stück / 10g. - kühl - süß ....ja
Champignon 8 Stück / 30g. - kühl - süß ....ja
Sesamöl 2 EL / 20g. - kühl - süß..wenig
Sojasauce 1 EL / 12g. - kalt - salzig ....ja
Curry 1 Prise / 2g. - warm - scharf ....ja
Kurkuma (Gelbwurz) 1 Prise / 2g. - warm - bitter ....ja
Chili (Schote oder gemahlen) 1 Prise / 1g. - heiß - scharf.........................ja
Cashewnüsse 2 TL / 25g. - kühl - süß...ja

Kochanleitung:

Reis mit dem Salzwasser zustellen und garen.
Das Putenfleisch in schmale Streifen schneiden. Ingwer und Knoblauch schälen und würfeln. Zusammen mit den Fleischstreifen in eine

Schüssel geben. 1 EL Sojasoße mit der Weizenstärke vermischen und glattrühren. Danach über das Fleisch geben und alles 30 Minuten marinieren. Frühlingszwiebeln und Paprika waschen, putzen und in kleine Stücke schneiden. Die Champignons putzen und vierteln. Einen EL des Sesamöls in eine beschichtete Pfanne geben und das marinierte Putenfleisch scharf anbraten und warm stellen. Nun das restliche Öl in die Pfanne geben und das andere Gemüse darin anbraten. Nun das Fleisch dazugeben und mit Sojasoße und den Gewürzen abschmecken. Mit dem Reis anrichten. Die Cashewkerne vor dem Servieren über das Gericht streuen.

5.75 Rettichgemüse mit Meerrettich

Leicht erfrischend und befeuchtend löst Stagnation. Nährt Blut und Leber, harmonisiert Leber und Milz, stärkt Sehkraft, bewahrt die Säfte, zieht zusammen. Nährt Lunge und Milz, vertreibt Schleim, löst Schleim, löst Stagnation, leitet nach Kochzeit 30 Min.
Kalorien p. Portion: 196
2 Portionen
Allergene: GNO

Zutaten:
Butter Bio 1 EL / 8g. - neutral - süß.. wenig
Rettich (weiß, grün, lila-rot) 1/2 Stück / 50g. - kühl - süß, scharf.................. ja
Wasser 3 EL / 10g. - kühl - salzig.. ja
Zitrone Saft 2 EL / 20g. - kalt - sauer .... ja
Weißwein 2 EL / 20g. - kühl - süß, bitter, scharf............................... wenig
Rosenpaprika 1 Prise / 0,2g. - warm - bitter....................................... ja
Sesamöl 1 TL / 3g. - kühl - süß .... wenig
Rettich Meerrettich (Kren) 2-3 EL / 20g. - neutral - süß, etwas scharf .... ja
Salz 1 Prise / 0,5g. - kalt - salzig .... wenig
Petersilie 1 Bund gehackte / 80g. - warm - bitter............................ ja
Reis Langkornreis 1/2 Tasse / 60g. - neutral - süß .... wenig
Wasser 3 Tassen / 300g. - kühl - salzig .... ja
Salz 1 Prise / 0,5g. - kalt - salzig .... wenig

Kochanleitung:
In einer heißen Pfanne die Butter schmelzen, in Stifte geschnittenen Rettich andünsten. Mit kaltem Wasser aufgießen, Zitronensaft, Weißwein, eine Prise Rosenpaprika und das Sesamöl unterrühren; mit 2 - 3 EL frisch geriebenem Meerrettich (ersatzweise 1 TL aus dem Glas), Salz abschmecken; gehackte Petersilie drüberstreuen.

Reis mit dem Wasser aufstellen, salzen und ca. 15 Min. kochen lassen.

5.76 Rhabarberkuchen mit Streusel

Kühlt Hitze, bewahrt die Säfte, zieht zusammen. Nährt Yin von Herz und Niere, befeuchtet, bewahrt die Säfte, zieht zusammen. Stärkt Mittleren Erwärmer, Kochzeit 1 1/2 Stunden
Kalorien p. Portion: 476
8 Portionen
Allergene: AG

Zutaten:

Weizen Mehl 400 g. / 400g. - kühl - süß, salzig..ja
Kuhmilch (Vollmilch 3,5 % Fett) 250 ml. / 200g. - neutral - süß.....................ja
Hefe 30 g. / 30g. - kühl - .... wenig
Honig 2 TL / 5g. - kalt - süß... wenig
Sonnenblumenöl 2 TL / 5g. - kühl - süß .... wenig
Zitrone Schale 1 Stück / 3g. - kühl - bitter ....ja
Salz 1 Prise / 1g. - kalt - salzig.. wenig
Rhabarber 1 Kg / 800g. - kalt - sauer...ja
Margarine 120 g. / 120g. - kühl - süß .... wenig
Weizen Mehl 300 g. / 300g. - kühl - süß, salzig..............................ja
Vanillezucker natur 2 Prisen / 1g. - neutral - süß .... wenig
Zimtpulver 2 Prisen / 1g. - heiß - scharf, süß ....ja
Honig 5 EL / 50g. - kalt - süß.. wenig

Kochanleitung:

Mehl, abgeriebene Zitronenschale und Salz mischen. Milch leicht erwärmen und mit Hefe und Honig verrühren. Dann das Mehlgemisch und das Öl dazugeben und kräftig durchkneten. Den Teig zugedeckt an einem warmen Ort gehen lassen, bis er die doppelte Menge erreicht hat. (ca. 30 Minuten) Nun für die Streusel Mehl mit Vanille und Zimt mischen, danach Honig und Margarine hinzufügen und zu einer krümeligen Masse verarbeiten. Streuselteig noch kühl stellen. Ein Backblech mit Backpapier auslegen. Den Teig für den Boden noch einmal durchkneten, ausrollen, auf das Backblech legen und noch einmal 10 Minuten gehen lassen. Den Rhabarber putzen, waschen, längs halbieren und in ca. 3 cm große Stücke schneiden. Die Stücke nun gleichmäßig auf dem ausgerollten Teig verteilen und die Streusel über den gesamten Kuchen krümeln.
Den Kuchen in den auf 175°C vorgeheizten Backofen schieben und ca. 40 Minuten backen.

5.77 Roher Selleriesalat

Stärkt Magen-Qi, befeuchtet, entspannt, baut Qi auf, verteilt. Kühlt Hitze, nährt Säfte. Kühlt Hitze, hält Säfte, reduziert inneren, Wind, stärkt Magen. Stärkt Qi, stärkt Leber und Niere.
Kochzeit 15 Min.
Kalorien p. Portion: 590
1 Portion
Allergene: HLN

Zutaten:
Sellerie Knolle 1/4 Stück / 125g. - kühl - süß..ja
Sellerie Stangensellerie 2 Äste / 30g. - kühl - süß...ja
Sesamöl 4 EL / 40g. - kühl - süß... wenig
Mandelmus 2 EL / 20g. - neutral - süß.. wenig
Pfeffer gemahlen 1 Prise / 0,5g. - warm - scharf.. *
Salz 1 Prise / 1g. - kalt - salzig.. wenig
Zitrone 1/2 Tasse / 50g. - kalt - sauer...ja
Orangensaft 1/2 Tasse / 60g. - kalt - sauer, süß .... wenig
Rosenpaprika Pulver 1 Prise / 1g. - warm - ....ja

Kochanleitung:
Sellerieknolle fein raspeln; Selleriestange in kleine Stücke schneiden; Selleriegrün, falls vorhanden, kleinschneiden, blanchieren und alles zusammengeben.

Dressing: Sesamöl, Mandelmus, Pfeffer, Salz, Zitronen- und frischen Orangensaft, etwas Rosenpaprika gut durchrühren; mit dem Sellerie vermischen und durchziehen lassen.

5.78 Rosmarinkartoffeln

Stärkt Qi, stärkt Milz, lindert Entzündungen, entspannt, baut Qi auf, verteilt.
Kochzeit 30 Min.
Kalorien p. Portion: 188
2 Portionen

Zutaten:
Kartoffel 6-8 Stück / 420g. - neutral - süß..ja
Salz Kräutersalz 1 Prise / 1g. - kalt - .... wenig
Olivenöl 1 EL / 10g. - kühl - süß...ja
Rosmarin 1 TL / 2g. - warm - bitter..ja

Kochanleitung:
Kartoffeln in der Länge halbieren, wenig Olivenöl auf die Schnittfläche streichen, salzen, 2 - 3 Rosmarinnadeln auf jede halbe Kartoffel streuen, Kartoffeln auf Backblech stellen und im vorgeheizten Backofen ca. 25 Minuten auf 190 Grad backen.

5.79 Rote Linsen mit Avocado und Rettich

Nährend und befeuchtend baut Qi und Säfte auf. treibt Schweiß, reduziert Blutfett, regt an, löst Stagnation.
Kochzeit 20 Min.
Kalorien p. Portion: 269
3 Portionen
Allergene: N

Zutaten:

Ingwer frisch 2 Scheiben / 2g. - warm - scharf ....ja
Wasser 2 Tassen / 200g. - kühl - salzig ....ja
Linsen rot 1 Tasse geschälte / 100g. - neutral - salzig ....empfehlenswert
Wakame 3 cm. / 1g. - kalt - salzig ....ja
Salz 1 Prise / 0,5g. - kalt - salzig .... wenig
Zitrone Saft 1 Spritzer / 1g. - kalt - sauer..ja
Kurkuma (Gelbwurz) 1 Prise / 0,3g. - warm - bitter ....ja
Avocado 1 Stück / 300g. - kalt - süß ....ja
Pfeffer gemahlen 1 Prise / 0,2g. - warm - scharf...................................... *
Rosenpaprika 1 Prise / 0,2g. - warm - bitter..ja
Sesamöl 1 Schuss / 1g. - kühl - süß.. wenig
Rettich (weiß, grün, lila-rot) 1 Tasse / 100g. - kühl - süß, scharf...................ja

Kochanleitung:
In einen Topf mit kaltem Wasser, etwas kleingeschnittenen Ingwer, geschälte rote Linsen, ein Stück Wakame oder eine kleine Menge Hijiki geben und gar köcheln.
Mit Salz, etwas Zitronensaft und Kurkuma abschmecken.
Währenddessen: ½ Avocado pro Portion auf einem Drittel des Tellers anrichten: gemahlenen Pfeffer, eine Prise Salz, etwas Zitronensaft, eine Prise Rosenpaprika, ganz wenig Sesamöl darüber geben.
Geraspelter Rettich auf das zweite Tellerdrittel geben.
Das Linsengericht in das letzte Drittel des Tellers füllen.

5.80 Rote Rüben Suppe

Löst Stagnation. entspannt, baut Qi auf.
Kochzeit 20-30 Min.
Kalorien p. Portion: 282
4 Portionen
Allergene: G

Zutaten:

Olivenöl 2 EL / 20g. - kühl - süß ....ja
Zwiebel weiss 1 Stück kleingehackt / 50g. - warm - scharf ....ja
Knoblauch 1 Zehe / 2g. - heiß - scharf ....ja
Rote Rübe 1 Kg (geschält und gewürfelt) / 1000g. - neutral - bitter ....ja
Cumin (Kreuzkümmel) 1 EL / 7g. - warm - scharf ....ja
Kurkuma (Gelbwurz) 1 TL / 2g. - warm - bitter ....ja
Oregano frisch 1 Prise / 2g. - warm - bitter...ja
Paprika (Rosenpaprika) 1 TL / 2g. - warm - bitter ....ja
Creme fraîche 125 g. / 125g. - neutral - süß .... wenig

Kochanleitung:

In einem Kochtopf das Öl erhitzen, die Zwiebeln und den Knoblauch
darin dunkelbraun braten. Cumin, Curcuma, Oregano und Salz
zufügen, mit 1l Wasser ablöschen. Die Roten Bete darin ca. 20 Minuten
kochen. Die Suppe pürieren und in Suppenschalen mit 1 EL Creme
fraîche servieren. Zum Schluss den Rosenpaprika drüberstreuen.

5.81 Russischer Kasha mit Weißkohl

Stärkt Milz Magen und Darm Qi, wirkt leicht erwärmend.
Kochzeit 30 Min.
Kalorien p. Portion: 250
2 Portionen
Allergene: AG

Zutaten:

Buchweizen Vollkorn 1 Tasse / 130g. - kühl - süß ....empfehlenswert
Wasser 2 Tassen / 240g. - kühl - salzig ....ja
Muskatnuss 1 Prise / 1g. - warm - scharf ....ja
Salz 1 Prise / 1g. - kalt - salzig .... wenig
Petersilie 1 EL / 10g. - warm - bitter ....ja
Kümmel 1 Prise / 2g. - warm - scharf ....ja
Butter Bio 1 TL / 3g. - neutral - süß .... wenig
Weißkohl/Weißkraut 1 Handvoll / 20g. - neutral - süß..............empfehlenswert

Kochanleitung:
Buchweizen trocken goldgelb rösten; kochendes Wasser zugießen, kurz aufkochen und dann quellen lassen, bis er weich ist; Weißkohl fein raspeln und unterheben mit Muskat, etwas Salz würzen; am Schluss etwas Petersilie, Kümmel und Butter hinzufügen.

5.82 Schwarze Bohnen mit Avocado

Nährend und leicht erfrischend, baut Säfte auf, sättigend. Nährt Yin von Leber, Lunge und Dickdarm, befeuchtet, entspannt, baut Qi auf, verteilt. Stärkt Magen und Niere, Milz und Niere.
Kochzeit 1 Stunde
Kalorien p. Portion: 264
3 Portionen
Allergene: EN

Zutaten:
Schwarze Bohnen 1 Tasse / 100g. - neutral - süß .... empfehlenswert
Wasser 4 Tassen / 450g. - kühl - salzig .... ja
Zitrone 1 Spritzer / 1g. - kalt - sauer .... ja
Boxhornkleesamen 1 Prise / 0,2g. - warm - bitter .... empfehlenswert
Sesamöl 1 EL / 10g. - kühl - süß .... wenig
Ingwer frisch 1 TL / 2g. - warm - scharf .... ja
Wakame 2 cm. / 1g. - kalt - salzig .... ja
Sojasauce 1 Schuss / 1g. - kalt - salzig .... ja
Avocado 1 Stück / 300g. - kalt - süß .... ja

Kochanleitung:
Vorbereitung am Vortag: 2 Tassen schwarze Bohnen in etwa 6 Tassen kaltem Wasser 6- 8 Stunden einweichen und dann abseihen. Die schwarzen Bohnen mit 4 Tassen frischem kaltem Wasser aufsetzen; einen Spritzer Zitronensaft, etwas Bockshornkleesamenpulver, 1 EL Sesamöl, 1 TL geriebenen Ingwer zufügen; ein Stück Wakame oder 1 EL Hijiki dazugeben.

Etwa 45 Minuten köcheln lassen; mit dem Pürierstab pürieren; mit reichlich Sojasoße abschmecken.

Am Morgen: ½ Avocado pro Portion schälen und in Schiffchen schneiden; zusammen mit der warmen Bohnenpaste servieren.

Hinweis: Die schwarzen Bohnen können für 2 - 3 Tage vorgekocht werden, um dann mit wenig Aufwand als Frühstück oder für andere Mahlzeiten verwendet zu werden.

5.83 Schwarzwurzel mit Joghurt

Nährt Yin, entspannt, baut Qi auf. Befeuchtet Trockenheit, bewahrt die Säfte.
Kochzeit 20 min
Kalorien p. Portion: 266
2 Portionen
Allergene: AG

Zutaten:
Schwarzwurzel 1/2 Kg. / 400g. - kühl - süß...ja
Joghurt (natur, 1,5 % Fett) 4 EL / 80g. - kühl - sauer ....ja
Salz 1 Prise / 1g. - kalt - salzig... wenig
Mehrkornbrot (Graubrot) 6 Scheiben / 120g. - kühl - süß.........empfehlenswert
Kräuter verschiedene 1 Handvoll / 5g. - - *...ja

Kochanleitung:
Schwarzwurzel schälen und in Salzwasser kochen bis sie weich sind. Das Wasser wegschütten, Schwarzwurzel auskühlen lassen und klein schneiden. Mit Joghurt übergießen und mit frischen Kräutern bestreuen. Mit dem Mehrkornbrot servieren.

5.84 Sellerie-Kartoffelcreme-Suppe

Stärkt Milz und Leber, reguliert Qi-Fluss. Stärkt Magen-Qi. Stärkt Qi, lindert Entzündungen, entspannt. Löst Stagnation.
Kochzeit 45 Min.
Kalorien p. Portion: 113
4 Portionen
Allergene: GL

Zutaten:
Olivenöl 1 EL / 10g. - kühl - süß ....ja
Zwiebel weiss 1/2 Stück / 25g. - warm - scharf.......................................ja
Grundrezept für eine Gemüsebrühe nahrhaft 700 ml. / 700g. - neutral - * ......ja
Kartoffel 200 g / 200g. - neutral - süß...ja
Muskatnuss 1 Prise / 0,5g. - warm - scharf ....ja
Kümmel 1 Prise / 0,5g. - warm - scharf..ja
Zitrone Schale 1/4 Stück / 1g. - kühl - bitter ....ja
Creme fraîche 2 EL / 20g. - neutral - süß.. wenig
Salz 1 Prise / 1g. - kalt - salzig.. wenig
Petersilie 1 EL / 8g. - warm - bitter...ja

Kochanleitung:
Olivenöl in einem Topf leicht erhitzen. Zwiebeln darin bei milder Hitze ganz weich dünsten. Mit Gemüsebrühe nach Grundrezept aufgießen. Zugedeckt 15 Minuten leicht kochen.
Würfelig geschnittene Kartoffel, kleingeschnittene Sellerie, Muskat, Kümmel und Zitronenschale dazugeben. Suppe zugedeckt 12 Minuten leicht kochen. Kartoffeln und Sellerie sollen weich sein, aber nicht zerfallen. Zitronenschale entfernen.
Mit dem Mixstab oder im Mixer die Suppe mit Creme fraîche fein pürieren. Suppe mit Salz abschmecken.
Suppe portionsweise mit der kleingehackten Petersilie anrichten.

5.85 Sommersalat

Nährt Leber-Yin, kühlt Hitze. Löst Schleim, stärkt Xu-Zustände, leitet nach unten. Bewegt Blut.
Kochzeit 10 Min.
Kalorien p. Portion: 281
1 Portion
Allergene: GMNO

Zutaten:
Rucola Rauke 1 Handvoll / 15g. - kühl - scharf .... *
Radicchio 1 Kopf / 30g. - kühl - süß, scharf, bitter... ja
Tomate 2 (gewürfelt) / 100g. - kalt - süß-sauer .... ja
Olivenöl 1 EL / 10g. - kühl - süß .... ja
Oliven 2 EL / 16g. - neutral - süß, rau .... ja
Essig Aceto Balsamico 1 EL / 10g. - warm - sauer, bitter .... ja
Senf mittelscharf 2 TL / 5g. - warm - .... ja
Sesam Paste (Tahini) 1 TL / 2g. - kühl - .... ja
Parmesan 2 EL / 20g. - salzig - süß .... ja
Salz 1 Prise / 0,5g. - kalt - salzig .... wenig
Pfeffer gemahlen 1 Prise / 0,2g. - warm - scharf... *
Rosmarin 2 TL / 3g. - warm - bitter.. ja

Kochanleitung:
Den Salat waschen, klein zupfen und in einer Schüssel anrichten.

Sauce: Das Öl, den Balsamico-Essig, den Senf und das Tahini in ein Glas mit Deckel geben und alles gut durchschütteln. Das Dressing mit Salz und Pfeffer abschmecken. Den Salat mit der Salatsauce und den Oliven mischen, mit Parmesan und zum Schluss mit Rosmarin bestreuen.

5.86 Spargelcremesuppe

Nährt Yin von Lunge und Niere, produziert Körpersäfte, ernährt Yin, befeuchtet, entspannt, baut Qi auf, verteilt. Befeuchtet, führt ab, antiparasitisch. Nährt Blut und Leber, harmonisiert Leber und Milz. Nährt Yin von Herz und Niere.
Kochzeit 45 Min.
Kalorien p. Portion: 240
2 Portionen
Allergene: ACG

Zutaten:
Spargel (grün oder weiß) 200 g / 200g. - kühl - süß, bitter ....ja
Wasser 1/2 Liter / 500g. - kühl - salzig ....ja
Rapsöl 3 EL / 30g. - neutral - süß ....ja
Weizen Mehl 2 EL / 10g. - kühl - süß, salzig ....ja
Huhn Eigelb 1 Stück / 25g. - neutral - süß... wenig
Kuhmilch (Vollmilch 3,5 % Fett) 1 EL / 15g. - neutral - süß ....ja
Sauerrahm 15% Fett 1 EL / 15g. - kühl - sauer ....ja
Pfeffer gemahlen 1 Prise / 0,5g. - warm - scharf.. *
Muskatnuss 1 Prise / 0,5g. - warm - scharf ....ja
Zitrone Saft 1 TL / 2g. - kalt - sauer...ja
Petersilie 2 EL / 20g. - warm - bitter ....ja
Salz 1 Prise / 1g. - kalt - salzig .... wenig

Kochanleitung:
Den Spargel waschen und schälen. Wasser, etwas Zitronensaft und Prise Salz zum Kochen bringen. Die Spargelstangen zusammenbinden. Spargelschalen ins Kochwasser geben und aufkochen lassen. Den Spargel in die kochende Flüssigkeit geben, auf kleiner Hitze ca. 20 Minuten garen lassen. Danach die Spargelbündel herausnehmen und den Sud durch ein Sieb gießen. Für die Einbrenn, das Öl in einem Topf erhitzen, das Mehl dazu geben und farblos anschwitzen, mit dem Spargelsud langsam auffüllen und 10 Minuten köcheln lassen. Die Spargelstangen in ca. 3 cm lange Stücke schneiden und unter die abgebundene Suppe geben. Kurz vor dem Servieren die Suppe nochmals aufkochen lassen. Das Eigelb mit der Milch und Sauerrahm verrühren. Den Topf vom Herd nehmen und danach das Eigelb-Milch-Gemisch unterrühren. Mit Pfeffer und Muskat abschmecken, mit der gehackten Petersilie dekorieren und sofort servieren.

5.87 Spinat mit Sesmammus (Tahin)

Nährt Blut und Yin, stärkt Zang-Organe, stärkt Magen-Darm, harmonisiert Qi, befeuchtet Lunge. Stärkt Qi, stärkt Milz, lindert Entzündungen, befeuchtet, entspannt, baut Qi auf, verteilt. Nährt Blut.
Kochzeit 20 Min.
Kalorien p. Portion: 150
4 Portionen
Allergene: N

Zutaten:
Kartoffel 500 g. / 500g. - neutral - süß.. ja
Salz 1 Prise / 0,2g. - kalt - salzig .... wenig
Wasser 1/4 Liter / 25g. - kühl - salzig .... ja
Spinat 1 Kg / 800g. - kühl - süß, rau.. ja
Sesam Paste (Tahini) 2 EL / 20g. - kühl - .... ja

Kochanleitung:
Kartoffeln kochen und schälen. Wasser erhitzen. Spinat blanchieren. Wasser abschütteln und trocknen lassen und mit Sesammus verrühren.

5.88 Steinpilz-Räuchertofuaufstrich auf Toastbrot

Nährt Säfte, lässt Qi aufsteigen, harmonisiert Milz und Magen, befeuchtet, entspannt, baut Qi auf, verteilt.
Kochzeit 1 Stunde
Kalorien p. Portion: 169
2 Portionen
Allergene: AEMO

Zutaten:
Steinpilz/Herrenpilz 150 g. / 150g. - neutral - süß ....empfehlenswert
Soja Tofu geräuchert 200 g / 200g. - kühl - süß... ja
Olivenöl 1/2 EL / 5g. - kühl - süß... ja
Essiggurke 1 EL / 10g. - kühl - sauer, bitter .... ja
Muskatnuss 1 Prise / 1g. - warm - scharf.. ja
Salz 1 Prise / 1g. - kalt - salzig... wenig
Sojapaste (Miso) 50 ml. / 50g. - kalt - salzig... ja
Zitrone Schale 1 TL / 2g. - kühl - bitter .... ja
Senf Dijon 2 TL / 6g. - warm - .... ja
Pfeffer gemahlen 1 Prise / 0,5g. - warm - scharf... *
Toastbrot (Vollkorn) 6 Scheiben / 30g. - kühl - .... ja

Kochanleitung:
Frische oder getrocknete Pilze verwenden. Die getrockneten Steinpilze 1 Stunde in 250 ml heißem Wasser einweichen. Steinpilze abgießen, abtropfen lassen und klein schneiden. Das Einweichwasser auffangen und durch ein feines Sieb gießen.
Olivenöl in einer kleinen, beschichteten Pfanne leicht erhitzen. Steinpilze dazugeben, leicht salzen, mit Muskat würzen und unter Rühren kurz anbraten, 6 EL Einweichwasser untermischen, leicht köcheln, bis die Flüssigkeit verdampft ist.
Räuchertofu, die Pilze, kleingehackte Essiggurke, Sojacreme, abgeriebene Zitronenschale und Dijon-Senf mit dem Cutter oder dem Mixstab zu einem glatten Aufstrich verarbeiten. Aufstrich mit Salz und Pfeffer abschmecken. Auf den Toastbrotscheiben servieren.

5.89 Tee Bockshornkleetee

Kochzeit 10 Min.
Kalorien p. Portion: 0
4 Portionen

Zutaten:
Bockshornklee 2-4 TL / 9g. - neutral - ....ja
Wasser 1/2 Liter / 500g. - kühl - salzig ....ja

Kochanleitung:
Bockshornklee mit kochendem Wasser überbrühen und zugedeckt etwa 10 Min. ziehen lassen. Den Tee abseihen und warm trinken.

5.90 Tee Holunderblüten-Tee

Leitet Wind Kälte und Wind Hitze aus, beruhigt Shen.
Kochzeit 10 Min.
Kalorien p. Portion: 7
4 Portionen

Zutaten:
Holunderblütentee 4 TL / 12g. - - scharf...ja
Wasser 1/2 Liter / 500g. - kühl - salzig ....ja

Kochanleitung:
Holunderblüten werden mit siedendem Wasser übergossen und nach etwa 5 Minuten durch ein Teesieb geseiht.

5.91 Tee Ingwertee mit Honig

Stärkt Mittleren Erwärmer, befeuchtet. Bewegt Qi, stärkt Säfteproduktion, reduziert Kälte-Übel, leitet nach oben.
Kochzeit 30 Min.
Kalorien p. Portion: 5
4 Portionen

Zutaten:
Ingwer frisch 1 TL / 3g. - warm - scharf..ja
Wasser 1/2 Liter / 500g. - kühl - salzig..ja
Honig 2 TL / 6g. - kalt - süß.. wenig

Kochanleitung:
Wasser zum Kochen bringen und wegstellen. Ingwer dazugeben und 20-30 min. ziehen lassen. Nach Geschmack mit Honig süßen.

5.92 Tee Koriandertee

Schweiß treibend, reduziert Wind.
Kochzeit 10 Min.
Kalorien p. Portion: 2
4 Portionen

Zutaten:
Koriander 1 TL / 3g. - warm - scharf..ja
Wasser 1/2 Liter / 500g. - kühl - salzig..ja

Kochanleitung:
Wasser zum Kochen bringen und wegstellen. Koriander dazugeben und 10 min. ziehen lassen.

5.93 Tee Kümmeltee

Reduziert Schleim und feuchte Hitze in Leber und Gallenblase, Leber Qi-Stagnation. Milz-Qi Mangel, Milz und Nieren Yang-Mangel.
Kochzeit 10 Min.
Kalorien p. Portion: 2
4 Portionen

Zutaten:
Kümmel 1 TL / 3g. - warm - scharf..ja
Wasser 1/2 Liter / 500g. - kühl - salzig..ja

Kochanleitung:
Wasser zum Sieden bringen und wegstellen. Zerquetschten Kümmel dazugeben und 10 min. ziehen lassen. Ev. mit Honig süßen.

2 mal täglich 1 Tasse trinken.

5.94 Tee Majorantee

Löst Stagnation, leitet nach oben.
Kochzeit 10 Min.
Kalorien p. Portion: 0
4 Portionen

Zutaten:
Majoran 2 TL / 6g. - warm - bitter ....ja
Wasser 1/2 Liter / 500g. - kühl - salzig ....ja

Kochanleitung:
Gießen Sie den Majoran mit siedendem Wasser auf, nach 10 Minuten abseihen. Je 1 Tasse morgens und abends trinken.

5.95 Tee Mischung gegen Darmträgheit

Kühlt Leber-Energie, beseitigt innere Hitze, wirkt abschwellend, stärkt den Magen.
Kochzeit 20 Min.
Kalorien p. Portion: 1
8 Portionen

Zutaten:
Enzianwurzel 1 EL / 20g. - kalt - bitter..ja
Kalmus 1 EL / 20g. - - ....ja
Schlehdorn 1 EL / 20g. - - ....ja
Wasser 1 Liter / 1000g. - kühl - salzig ....ja

Kochanleitung:
Vorbereitung:
Enzian 20 g Kalmus 20 g Schlehdorn 20 g mischen.

Zubereitung: 1 Esslöffel der Mischung auf 1 Tasse als Aufguss, 15-20 Minuten ziehen lassen.
Gebrauch: morgens und abends 1 Tasse warm trinken.

5.96 Tomatensuppe

Erfrischend, baut Säfte auf.
Kochzeit 10 min.
Kalorien p. Portion: 100
2 Portionen

Zutaten:
Olivenöl 1 EL / 15g. - kühl - süß ....ja
Zwiebel weiss 1 Stück / 60g. - warm - scharf ....ja
Basilikum (frisch) 1 TL / 2g. - warm - scharf, bitter ....ja
Zimtpulver 1 Prise / 1g. - heiß - scharf, süß ....ja
Pfeffer gemahlen 1 Prise / 0,5g. - warm - scharf .... *
Salz 1 Prise / 1g. - kalt - salzig .... wenig
Tomate 5 Stück / 250g. - kalt - süß-sauer ....ja
Rosenpaprika Pulver 1 Prise / 1g. - warm - ....ja
Wasser 250 g. / 250g. - kühl - salzig ....ja

Kochanleitung:
Zwiebel in Topf anrösten. Salz und Gewürze dazu. Kurz anrösten.
Gewaschene und geviertelte Tomaten in die Pfanne geben. Umrühren
und kurz anbraten. Ein viertel Liter Wasser dazu und zum Kochen
bringen. Eine viertel Stunde kochen und pürieren.

5.97 Wärmende Karottensuppe

Stärkt Qi und wärmt Yang.
Kochzeit 30 min
Kalorien p. Portion: 133
3 Portionen
Allergene: HL

Zutaten:
Karotte (Mohrrübe, Möhre) 4 Stück / 250g. - neutral - süß...........................ja
Walnussöl 2 EL / 20g. - neutral - süß ....ja
Zwiebel Schalotte 2 Stück / 40g. - warm - scharf, süß ....ja
Anis (gemeiner Fenchel) 1/2 TL / 1g. - warm - scharf ....ja
Muskatnuss 1 Prise / 1g. - warm - scharf...ja
Ingwer frisch 1/2 TL / 1g. - warm - scharf...ja
Salz 1 Prise / 1g. - kalt - salzig .... wenig
Grundrezept für eine Gemüsebrühe nahrhaft 1/2 Liter / 500g. - neutral - * .....ja
Petersilie 1 EL / 10g. - warm - bitter...ja

Kochanleitung:
In einem heißen Topf Walnussöl erhitzen und Zwiebeln anbraten; Karotten darin dünsten; Anis, Muskat, etwas Ingwer, Salz hinzufügen und alles weiter anbraten; Wasser oder Gemüse- bzw. Fleischbrühe zugeben; alles weich kochen und dann pürieren; am Ende Petersilie unterheben.

Empfehlung: Eignet sich für die kalte Jahreszeit, vor allem, wenn man als Flüssigkeit zum Aufgießen Fleischbrühe verwendet.

5.98 Zwetschkenkuchen

Nährt Yin von Herz und Niere, befeuchtet, bewahrt die Säfte, zieht zusammen. Stärkt
Mittleren Erwärmer, befeuchtet.
Kochzeit 1 Stunde
Kalorien p. Portion: 502
6 Portionen
Allergene: AG

Zutaten:
Topfen 20% 200 g / 200g. - kühl - sauer ....ja
Weizen Mehl 400 g. / 400g. - kühl - süß, salzig...ja
Kuhmilch (Vollmilch 3,5 % Fett) 6 EL / 70g. - neutral - süß ....ja
Rapsöl 6 EL / 70g. - neutral - süß ....ja
Honig 8 EL / 100g. - kalt - süß.. wenig
Backpulver 1 Paket / 3g. - - ....ja
Salz 1 Prise / 1g. - kalt - salzig .... wenig
Zimtpulver 1 TL / 3g. - heiß - scharf, süß ....ja
Zwetschken 1 Kg / 1000g. - warm - süß, sauer........................empfehlenswert

Kochanleitung:
Mehl, Topfen, Milch, Öl, Honig, Salz und Backpulver zu einem glatten Teig verrühren. Den Teig zum Quellen 15 Minuten kühl stellen. Auf einem Backblech Backpapier auslegen und den Teig darauf zu einem Boden ausdrücken.
Nun die Pflaumen gleichmäßig darauf verteilen.
Den Kuchen mit dem Zimt bestreuen und für ca. 40 Minuten bei 190° C backen.

6 Wirkung der Lebensmittel

6.1 Zutaten verwenden: empfehlenswert

Aloesaft
Amaranth
Aprikose
Bambussprossen
Blumenkohl (Karfiol)
Boxhornkleesamen
Buchweizen
Buchweizen Vollkorn
Buttermilch
Dinkel Brot
Dinkel Vollkornmehl
Feige
Feige getrocknet
Flohsamen
Granatapfel
Grünkern
Hafer
Hafer Flocken (Vollkorn)
Hafer Flocken geröstet
Hafer Schrot
Hirse
Hirseflocken
Kefir
Kichererbsen
Leinsamen
Leinsamen (geschrotet)
Limabohnen
Linsen (Helmbohnen)
Linsen gelb
Linsen rot
Linsen schwarz
Mangold
Maniokmehl
Marillen
Mehrkornbrot (Graubrot)
Mungbohne
Mungbohnensprossen
Müsli
Nierenbohnen (rote)

Nudeln (Vollkorn) mit Ei
Papaya
Pflaume
Pflaume getrocknet
Pintobohnen gesprenkelt
Reis Vollkorn
Roggen Vollkornbrot
Rotkohl
Saubohnen (Dicke Bohnen)
Sauerampfer
Sauerkraut
Sauermilch
Schwarzaugenbohnen
Schwarze Bohnen
Sesam, Schwarzer
Sesam, Weißer
Soja Cuisine (Soja-Sahne)
Sojabohne
Sojabohnen, Gelbe
Sojabohnen, Schwarze
Sojabohnen, Schwarze, fermentiert
Sojacreme
Sonnenblumenkerne
Stangenbohnen (Fisolen)
Steinpilz/Herrenpilz
Vollkornbrot
Vollkornbrot mit ganzen Körner
Vollkornmehl
Wacholderbeere
Wachskürbis
Weiße Bohnen
Weißkohl/Weißkraut
Weizen Mehl Vollkorn
Weizen/Roggen Grau- Schwarzbrot mit Hefe
Weizenkleie
Wirsing/Grünkohl
Zucchini
Zwetschken

6.2 Zutaten verwenden: ja

Aal
Aal geräuchert
Adzukibohnen
Agar-Agar, Agartang
Amaranth POPS
Ananas
Ananas (aus der Dose)

Ananassaft ungezuckert
Andornkraut
Angelikawurzel
Anis (gemeiner Fenchel)
Aprikose getrocknet
Artischocke
Aubergine

Austernpilze
Austernschalenpulver
Avocado
Backpulver
Baldrian
Banchatee
Bärentraubenblätter
Bärlauch (Knoblauchspinat)
Barsch
Basilikum
Basilikum (frisch)
Bataviasalat
Beeren der Saison
Beerensaft
Benediktinerdistel
Berberitzenrindetee
Birne
Birnensaft
Bitter Lemon
Bitterklee
Bitterorangenschale
Blattsalate (bitter)
Blütenpollen
Bocksdornfrüchte (Fructus Lycii) getrocknet
Bockshornklee
Bohnen (grün, frisch)
Bohnenkraut
Borretsch
Brennnessel
Brokkoli
Brombeerblätter
Brombeere
Brot mit Johannisbrotkernmehl
Buchweizen (geröstet) Kasha
Bulgur (Getreide)
Buschbohnen
Butterbohnen weiße
Calamari
Cashewnüsse
Champignon
Chenpi (chinesische Mandarinenschale)
Chicorée
Chili (Schote oder gemahlen)
Chinakohl
Chlorella (Süßwasser)
Chrysanthemenblütentee
Clementinen
Couscous
Cranberries
Cumin (Kreuzkümmel)
Curry
Currypaste rot

Dashi
Datteln getrocknet
Datteln rot
Dill
Dinkel
Dinkel Flocken
Dinkel Gries
Dornhai (Seeaal, Schillerlocken)
Dorsch
Dulse (Lappentang)
Edamer
Eibennuss
Eibisch (Hibiscus)
Eisbergsalat
Endiviensalat
Enzianwurzel
Erbse, grün
Erbsen
Erdbeere
Erdbeersaftgetränk
Erdnüsse
Essig (Apfelessig)
Essig (Rotweinessig)
Essig Aceto Balsamico
Essig Aceto Balsamico weiss
Essiggurke
Estragon
Färberdiestel (Hong Hua)
Färberginsterkraut
Feldsalat
Fenchel
Fenchelsamen gemahlen
Fencheltee
Feta
Fischreste
Fischsouce
Fischstücke gemischt (Süßwasser)
Flaschenkürbis
Flunder
Forelle
Forelle (geräuchert)
Frauenmantel
Frischkäse
Frischkäse aus Soja
Frischkäse mit Kräuter
Früchtetee
Gagelpflaume
Galgant
Gänseblümchen
Garam Masala Pulver
Garnele
Gelatine weiss
Gelee Royal
Gemüsesaft

Gerste
Gerste (Nacktgerste)
Gerste (Perlgerste)
Gerstengras Pulver
Gerstengraupen
Gerstengrütze
Gerstenmalz
Gerstenmehl
Getreidekaffee
Ginkgofrucht
Ginseng
Ginsengwurzel
Glühweingewürzmischung
Grapefruit getrocknete Schale
Grapefruit/Pampelmuse/Pomelo
Grapefruitsaft
Grundrezept für eine Entenbrühe
Grundrezept für eine Fischbrühe
Grundrezept für eine Gemüsebrühe
nahrhaft
Grundrezept für eine Hühnerbrühe
wärmend
Grundrezept für eine Rinderbrühe (klar)
Grüner Tee
Guave
Gurke
Gurke (bitter)
Gurke (Gewürzgurke)
Hafer Mehl
Hafer Milch
Hafer Schmelzlocken (Babynahrung)
Hagebutte
Hagebuttentee
Haifisch
Haselnüsse
Heidelbeere
Heilbutt
Hering
Hibiskustee
Hijiki
Himbeerblättertee
Himbeere
Himbeere getrocknet (unreife)
Hiobsträne (Samen) YiYi Ren
Hokkaidokürbis
Holunderbeeren
Holunderblütentee
Honigmelone
Hopfen
Hummer
Hüttenkäse
Ingwer frisch
Ingwer Pulver
Jakobstränen

Jasminblütentee
Joghurt (natur, 1,5 % Fett)
Joghurt (natur, 3,5 % Fett)
Joghurt Vanille
Johannisbeere (rot)
Johannisbeere (schwarz)
Johannisbeere (weiß)
Johannisbeermarmelade (rot)
Johannisbeermarmelade (schwarz)
Johannisbeernektar (schwarz)
Johannisbrotkernmehl
Kabeljau
Kaffee
Kaffeeweißer
Kakao
Kaki-Pflaume
Kaktusfeige
Kalmus
Kamille
Kapern (eingelegt)
Kapuzinerkresse
Karambole/Sternfrucht
Karausche
Kardamom
Karotte (Frühkarotte)
Karotte (Mohrrübe, Möhre)
Karottensaft ohne Zucker
Kartoffel
Kartoffel (mehlige)
Kartoffelmehl
Käsepappeltee
Kastanien (Maronen)
Kaviar
Kerbel
Kerbel getrocknet
Kirsche
Kirsche (sauer)
Kirschenkompott
Kirschsaft
Kiwi
Klementine
Klettenwurzeltee
Knäckebrot
Knoblauch
Kohlrabi
Kohlrübe
Kokosmilch
Kombualge
Kompott (Früchte der Saison)
Kopfsalat
Koriander
Koriandergrün
Krabbe
Kraeuter verschiedene Sorten

Krake
Kräuter bittere
Kräuter der Provence
Kräuter verschiedene
Kräuter Wildkräuter
Kräuterteemischung
Kresse
Kuhmilch (1,5 % Fett)
Kuhmilch (Vollmilch 3,5 % Fett)
Kukichatee
Kümmel
Kümmel gemahlen
Kumquat
Kürbis
Kürbiskerne
Kurkuma (Gelbwurz)
Lachs
Languste
Lauch (Porree)
Lauchzwiebel Schnittlauch
Laugengebäck
Lavendelblüten
Leberglättertee
Leinöl
Liebstöckel
Liebstöckelsamen
Lindenblütentee
Longane
Loquate/Japanische Mispel
Lorbeerblatt
Lotossamen
Lotoswurzeln
Löwenzahn (junger)
Löwenzahnsaft
Löwenzahnwurzeltee
Luohan-Frucht
Lychee
Lychee (Konserve)
Magermilchpulver
Mais
Mais (geröstet)
Mais (Schnellpolenta)
Mais Gries (Polenta)
Maishaartee
Majoran
Makrele
Malventee
Malz
Mandarine
Mandeln
Mango
Mangopulver
Maulbeerfrucht
Meeräsche

Meereskrebs
Melisse
Miesmuscheln
Mirabelle
Miso
Miso schwarz (fermentiert)
Mispel
Mittelmeerfisch (Kabeljau, Scholle,
Schellfisch, Seeaal, Makrele)
Mixed Pickels
Mohn
Molke
Moosbeere
Morchel (schwarz, getrocknet)
Mozzarella
Mu-Erh-Pilz
Muskatnuss
Nektarine
Nelke
Nori, Purpurtang, Rotalge
Obstmischung Fruchtsaft
Odermennig
Okra
Oliven
Oliven grün
Olivenöl
Orange
Orange abgeriebene Schale
Orange getrocknete Schale
Orange Schale
Orangenblüten
Oregano frisch
Oregano getrocknet
Paprika
Paprika (Rosenpaprika)
Paprika (süß)
Paranuss
Parmesan
Passionsblumenblütentee
Passionsfrucht (Maracuja)
Pastinake
Peperoni
Peperoni, gelb, entkernt, halbiert
Peperoni, rot, entkernt, halbiert
Petersilie
Petersilienwurzel
Pfeffer Cayenne
Pfeffer Körner
Pfeffer weiss (gemahlen)
Pfefferminze
Pfefferminztee
Pfeilwurzelmehl
Pfifferlinge/Eierschwammerl
Pfirsich

Pfirsich (Dose)
Piment
Pinienkerne
Pistazien
Preiselbeere
Preiselbeermarmelade
Preiselbeersaft
Puddingpulver Vanille
Pumpernickel
Qualle
Quargel 20%
Quinoa
Quitte
Radicchio
Radieschen
Rapsöl
Reineclaude
Reis Reisschleim
Reis Wilder (Naturreis)
Reishi
Rettich (weiß, grün, lila-rot)
Rettich Meerrettich (Kren)
Rettich schwarz
Rettichblätter (vom Wochenmarkt)
Rhabarber
Roggen
Roggenmehl
Römersalat/Lattich-Salat
Rosenblättertee
Rosenblütentee
Rosenkohl
Rosenpaprika
Rosenpaprika Pulver
Rosmarin
Rotbarsch
Rote Grütze (ohne Zucker)
Rote Rübe
Safran
Sago (Getreide)
Sahne 10% Kaffeesahne
Sahne sauer 10%
Sahne sauer 20%
Sake
Salbei
Sanddorn
Sardellen/Sardine
Sauerkirsche
Sauerrahm (Schmand) 30% Fett
Sauerrahm 15% Fett
Sauerteig
Schafgarbe
Schafgarbentee
Schafmilch Joghurt
Schafskäse

Schafsmilch
Schimmelkäse
Schlehdorn
Schmelzkäse 12%
Schmelzkäse 30%
Schnecke
Scholle
Schwarzer Fungu Pilz
Schwarzkümmel
Schwarzwurzel
Schwedenkraut (Schwedenbitter)
Seegurke
Sellerie Knolle
Sellerie Stangensellerie
Senf
Senf Dijon
Senf mittelscharf
Senf süß
Senfsamen
Sesam Paste (Tahini)
Shiitake, getrocknet
Shrimps
Silbermorchel, getrocknet
Soja Tofu
Soja Tofu geräuchert
Sojabohnenmilch
Sojamehl
Soja-Nudeln
Sojapaste (Miso)
Sojasauce
Spargel (grün oder weiß)
Speiserüben
Spinat
Spitzwegerichtee
Stachelbeere
Sternanis
Stevia (Süßkraut)
Stutenmilch
Süßholzwurzeltee
Süßkartoffel
Süßwasserfisch
Süßwasserkrebs
Tabasco
Teemischung Harnsäuresenkend
Thunfisch
Thymian
Thymian getrocknet
Tintenfisch
Toastbrot (Vollkorn)
Tomate
Tomate getrocknet
Tomatenmark
Tomatenpüre
Tomatensaft

Tonicwasser
Topfen 20%
Trauben rot
Trauben weiß
Traubensaft rot
Traubensaft weiß
Trüffel
Tsampa (geröstetes Gerstenmehl)
Umeboshipaste
Umeboshipflaumen (Japanaprikosen)
Vanille
Vanillepulver
Vanilleschote
Vogerlsalat (Pflücksalat)
Wachtel
Wakame
Walderdbeeren
Walnüsse
Walnüsse geröstet
Walnussöl
Wasser
Wasser heiss
Wassermelone
Weißdorn
Weißfischchen
Weißwurz
Weizen
Weizen Bulgurweizen
Weizen Flocken

Weizen Gras Pulver
Weizen Gries
Weizen Gries - Kindergries
Weizen Mehl
Weizengrassaft
Wermut
Wermutkraut
Wildkräuter
Wildschwein Fleisch
Yamswurzel, Yamswurzelknolle
Yogitee
Ysop
Ziege
Ziegen- und Schafsmilch
Ziegenkäse
Zimtpulver
Zimtstange
Zitrone
Zitrone Saft
Zitrone Schale
Zitrone, Limette
Zitronengras
Zitronenmelisse (frisch)
Zitronenmelisse (getrocknet)
Zuckerersatz (Süßstoff)
Zwiebel Frühlingszwiebel
Zwiebel rot
Zwiebel Schalotte
Zwiebel weiss

6.3 Zutaten verwenden: wenig

Acerola Fruchtnektar oder Pulver
Agavendicksaft
Ahornsirup
Apfel (sauer)
Apfel (süß)
Apfelmus
Apfelsaft (Naturtrüb)
Aprikosen Marmelade
Aprikosennektar
Austern
Bier (alkoholarm)
Bier (alkoholfrei)
Bier (Altbier)
Bier (Pils)
Bitterlikör
Bohnenöl
Borretschöl
Bratöl
Brie
Brombeere getrocknet (unreife)
Brombeermarmelade
Brötchen (Semmel)

Butter (halbfett)
Butter Bio
Butterschmalz
Camembert
Campari
Colagetränk
Colagetränk (kalorienarm)
Creme fraîche
Distelöl
Emmentaler
Ente (Frühmastente, schlachtfrisch)
Ente (Herz)
Entenei
Erdbeermarmelade
Erdnuss (geröstet)
Erdnussbutter
Erdnussöl
Fasan
Fernet Branca (Kräuterbitterlikör)
Fisch Innereien
Fruchtzucker (Fruktose,
Traubenzucker)

Gans
Gans (Gänseklein)
Gans (Gänseschmalz)
Gänseblut
Gänseei
Ginsenglikör
Gorgonzola
Gouda
Graskarpfen
Hammel
Hase
Hase, wild
Hefe
Heidelbeermarmelade
Heidelbeersaft
Himbeermarmelade
Hirsch Fleisch
Hirsch Knochen
Hirsch Nieren
Honig
Honigwein (Met)
Huhn Blut
Huhn Ei
Huhn Eigelb
Huhn Eiweiß
Huhn Fleisch
Huhn Herz
Huhn Leber
Huhn Magen
Ingweröl
Kaninchen Fleisch
Kaninchen Leber
Karpfen
Kokosfett
Kokosflocken
Kokosnussfleisch
Kokosraspeln
Korinthen (rot)
Korinthen (schwarz)
Kürbiskernöl
Lamm Fleisch
Lamm Knochen
Lamm Leber
Lamm Nieren
Lamm Schulter
Löffelbiskuit
Lycheelikör
Mais Mehl (Maizena)
Maiskeimöl
Maisstärke
Malzbier
Mandelmilch
Mandelmus
Mandeln Marzipan

Mangosaft
Margarine
Margarine (Diät)
Marillensaft
Martini
Mayonnaise 50%
Mayonnaise 80%
Mineralwasser
Nachtkerzenöl
Nudeln (Weizen) mit Ei
Nudeln (Weizen, Bandnudeln) mit Ei
Nudeln (Weizen, Lasagneblätter) mit Ei
Nudeln (Weizen, Spagetti) mit Ei
Orangenmarmelade
Orangensaft
Palmöl
Pferd Fleisch
Prosecco
Pute Brustfleisch
Pute Schinken
Reh Fleisch
Reis Basmatireis
Reis Duftreis
Reis Gaoliangreis (Sorghum)
Reis Klebreis
Reis Langkornreis
Reis Roter
Reis Rundkornreis
Reis Schwarzer
Reis Sorte beliebig
Reismalz
Reismehl
Reisnudeln
Rind (Kalb)
Rind Filet
Rind Fleisch
Rind Fleischknochen
Rind Herz
Rind Herz (Kalb)
Rind Knochenmark
Rind Leber
Rind Lunge (Kalb)
Rind Magen
Rind Niere
Rind Ochsenschwanzstücke
Rind Suppenfleisch
Rosinen
Rotwein
Rum
Sahne sauer 30%
Sahne, süß 30%
Salz
Salz Kräutersalz
Schaffleisch

Schlagobers (30 % Fett)
Schnaps
Schwein Blut
Schwein Bratwurst
Schwein Darm
Schwein Fleisch
Schwein Haut
Schwein Haxe (Eisbein)
Schwein Herz
Schwein Hirn
Schwein Leber
Schwein Lunge
Schwein Magen
Schwein Markknochen
(Röhrenknochen)
Schwein Mettwurst
Schwein Nieren
Schwein Schinken
Schwein Schinken gekocht
Schwein Schinken geselcht
Schwein Schinkenspeck
Schwein Schmalz
Sesamöl
Sesamöl geröstet
Sherry
Sojaöl
Sonnenblumenöl

Taube
Taube Ei
Topfen 40%
Traubenkernöl
Vanillezucker natur
Vogelmiere
Wachtel Ei
Weißwein
Weizen Bier
Weizen Fladenbrot
Weizenkeimöl
Ziegen- und Schafsblut
Ziegen- und Schafshirn
Ziegen- und Schafsleber
Ziegen- und Schafsmagen
Zucker (Staubzucker)
Zucker (weiß, aus Rüben)
Zucker braun
Zucker Fructose Fruchtzucker
Zucker Glukose Traubenzucker
Zucker Kandis weiß
Zucker Melasse
Zucker Milchzucker
Zucker Palmzucker
Zucker Ursüße (Zuckerrohr)
Zwieback

6.4 Kontraindikativ wirkende Lebensmittel nicht verwenden

Astronautenkost
Banane
Banane Kochbanane
Blätterteig
Brösel (Weizenbrot, Semmel)
Grundrezept für eine Reissuppe
(Congee)
Heidelbeere getrocknet
Reis Süßer
Reisstärke
Rooibos

Schokolade
Schokolade (Diabetiker)
Schwarztee
Schwein Fett
Weißbrot (Weizenbrot)
Weißbrot Baguette
Weißbrot Brösel (Weizenbrot)
Weißbrot Knödelbrot (Weizenbrot)
Weißbrot Salzstangerl
Weißbrot Semmel

7 Komplementär

7.1 Cannabis

Zubereitung: Heil-Tee (Aufguss)
Wirkung: Nährt Säfte, befeuchtet Darm. Tonisiert Yin, befeuchtet.
Info: Wirkung: Nährt Säfte, befeuchtet Darm. Tonisiert Yin.
Hinweis: Es kann zu einem leichten Rausch kommen. Die Resorption anderer, gleichzeitig eingenommener Arzneimittel kann verlangsamt oder behindert werden. bei Überdosierung: Übelkeit, Erbrechen, Diarrhöe, Gereiztheit.

7.2 Flohsamen

Zubereitung: Speisezugabe
Wirkung: Befeuchtet Darm, weicht Stuhl auf. Löst Schleim auf.
Dosierung: 1-2 TL pro Mahlzeit: kann löffelweise oder als Speisezugabe verwendet werden. Ganz wichtig dabei: viel trinken!
Wirkung: Befeuchtet Darm, weicht Stuhl auf. Löst Schleim auf.
Hinweis: Flohsamen sollen ½–1 Stunde vor oder nach der Einnahme von anderen Arzneimitteln eingenommen werden, da sich ansonsten die Aufnahme anderer Arzneimittel aus dem Magen-Darm-Trakt verzögern kann.

7.3 Leinsamen

Zubereitung: Speisezugabe
Wirkung: Befeuchtet und laxiert Darm, klärt Hitze, tonisiert Qi. Klärt Leere-Hitze durch Yin-Mangel. Klärt Hitze in Magen und Darm. Befeuchtet Darm.
Dosierung: 2–3 EL ganze Leinsamen mit ½ l Wasser 10 Min. köcheln und weitere 20 Min. quellen und abkühlen lassen. In heißen Getränken, Suppen, warmen Speisen einnehmen.
Hinweis: Die Verdauungswirkung wird erheblich verstärkt, wenn die Samen gut gekaut werden. Für Kinder von 6–12 Jahren die Dosis halbieren.

8 Grundlagen der Ernährung

Die hier beschriebenen Grundlagen der Ernährung zeigen allgemeine Empfehlungen und beziehen sich nicht auf eine spezielle Therapieform. Die Empfehlungen der Therapie haben Vorrang.

8.1 Ernährung

Die regelmäßige Einnahme von Mahlzeiten in entspannter Atmosphäre. Ein wärmendes Frühstück gilt als guter Start in den Tag. Mittags sollte die Hauptmahlzeit stattfinden - das Abendessen am frühen Abend.

Die Beachtung von Hunger- und Sättigungsgefühlen: Nicht überessen und nicht hungern, so lautet die Regel.

Die frische Zubereitung der Speisen aus naturbelassenen, regionalen Produkten. Tiefgekühlte, hitzekonservierte, industriell vorgefertigte oder mikrowellengegarte Lebensmittel werden abgelehnt.

Die Auswahl von Lebensmittel nach der Jahreszeit: Im Sommer mehr kühlende Nahrung, im Winter mehr wärmende Nahrung.

Mindestens zweimal am Tag Gekochtes essen. Speisen und Getränke sollen möglichst handwarm, niemals eiskalt oder heiß sein.

Rohkost, kurz gegartes Gemüse, frisch gepresste Säfte und Mineralwasser werden üblicherweise nicht empfohlen. Milch und Milchprodukte stehen nur dann auf dem Speiseplan, wenn sie problemlos vertragen werden.

Therapeutische Rezepte nicht über einen längeren Zeitraum ohne Rücksprache mit dem Arzt oder Therapeuten einnehmen.

1. Vielseitig essen

Lebensmittelvielfalt genießen. Merkmale einer ausgewogenen Ernährung sind abwechslungsreiche Auswahl, geeignete Kombination und angemessene Menge nährstoffreicher und energiearmer Lebensmittel. (Einerseits Schutz vor Unterversorgung mit essentiellen Nährstoffen und andererseits Schutz vor einer überhöhten Zufuhr unerwünschter Inhaltsstoffe.)

2. Reichlich Getreideprodukte - und Kartoffeln

Brot, Nudeln, Reis, Getreideflocken (am besten aus Vollkorn), sowie

Kartoffeln enthalten kaum Fett, aber reichlich Vitamine, Mineralstoffe, Spurenelemente sowie Ballaststoffe und sekundäre Pflanzenstoffe. Diese Lebensmittel sollten mit möglichst fettarmen Zutaten verzehrt werden.

3. Gemüse und Obst - Nimm "5" am Tag ...

5 Portionen Gemüse und Obst am Tag, möglichst frisch, nur kurz gegart, oder auch eine Portion als Saft – idealerweise zu jeder Hauptmahlzeit und auch als Zwischenmahlzeit: Damit werden reichlich Vitamine, Mineralstoffe sowie Ballaststoffe und sekundären Pflanzenstoffe (z.B. Carotinoiden, Flavonoiden) zugeführt. Das Beste, was man für die eigene Gesundheit tun kann.

4. Täglich Milch und Milchprodukte, ein- bis zweimal in der Woche

Fisch; Fleisch, Wurstwaren sowie Eier in Maßen. Diese Lebensmittel enthalten wertvolle Nährstoffe, wie z.B. Calcium in Milch, Jod, Selen und Omega-3-Fettsäuren in Seefisch. Fleisch ist wegen des hohen Beitrags an verfügbarem Eisen und an den Vitaminen B1, B6 und B12 vorteilhaft. Mengen von 300 - 600 g Fleisch und Wurst pro Woche reichen hierfür aus. Fettarme Produkte bevorzugen, vor allem bei Fleischerzeugnissen und Milchprodukten.

5. Wenig Fett und fettreiche Lebensmittel

Fett liefert lebensnotwendige (essenzielle) Fettsäuren und fetthaltige Lebensmittel enthalten auch fettlösliche Vitamine. Fett ist besonders energiereich, daher kann zu viel Nahrungsfett Übergewicht fördern, möglicherweise auch Krebs. Zu viele gesättigte Fettsäuren fördern langfristig die Entstehung von Herz-Kreislauf-Krankheiten. Pflanzliche Öle und Fette bevorzugen (z.B. Raps-, Oliven- und Sojaöl und daraus hergestellte Streichfette). Auf unsichtbares Fett achten, das in Fleischerzeugnissen, Milchprodukten, Gebäck und Süßwaren sowie in Fast-Food- und Fertigprodukten meist enthalten ist. Insgesamt 70 - 90 Gramm Fett pro Tag reichen aus.

6. Zucker und Salz in Maßen

Nur gelegentlich Zucker und Lebensmittel, bzw. Getränke verzehren, die mit verschiedenen Zuckerarten (z.B. Glucose Sirup) hergestellt wurden. Kreativ mit Kräutern und Gewürzen und wenig Salz würzen. Jodiertes Speisesalz bevorzugen.

7. Reichlich Flüssigkeit

Wasser ist absolut lebensnotwendig. Jeden Tag rund 1-2 Liter Flüssigkeit trinken. Wasser (ohne oder mit Kohlensäure) und andere kalorienarme Getränke bevorzugen. Alkoholische Getränke sollten nicht konsumiert werden.

8. Schmackhaft und schonend zubereiten
Die jeweiligen Speisen bei möglichst niedrigen Temperaturen garen, soweit es geht kurz, mit wenig Wasser und wenig Fett - das erhält den natürlichen Geschmack, schont die Nährstoffe und verhindert die Bildung schädlicher Verbindungen.

9. Sich Zeit nehmen und das Essen genießen
Bewusstes Essen hilft, richtig zu essen. Auch das Auge isst mit. Sich beim Essen Zeit lassen. Das macht Spaß, regt an, vielseitig zuzugreifen und fördert das Sättigungsempfinden.

10. Auf das Gewicht achten und in Bewegung
Ausgewogene Ernährung, viel körperliche Bewegung und Sport (30 bis 60 Minuten pro Tag) gehören zusammen. Mit dem richtigen Körpergewicht fühlt man sich wohl und fördert die Gesundheit.
Thermik, Wirkrichtung, Verdauungskraft
Es gibt unterschiedliche Kriterien, die Wirksamkeit von Kräutern und Lebensmittel zu beurteilen. Der Einsatz der Kräuter und Zutaten basiert auf Beobachtung, was die Lebensmittel, Kräuter und Gewürze nach ihrem Verzehr im Körper bewirken. In der Medizin hat sich daraus folgendes System entwickelt: Jede Zutat oder Kraut hat eine Wirkrichtung. Außerdem gibt es noch Kräuter, die eine besondere Wirkung auf bestimmte Organe haben.

Voraussetzung für einen gesunden Stoffwechsel ist es, darauf zu achten, dass wir ausreichend Energie aus der Nahrung gewinnen und der Verdauungsprozess so wenig Energie wie möglich verbraucht. Eine bekömmliche Mahlzeit macht zufrieden und satt, verursacht keine Blähungen und keine Müdigkeit nach dem Essen. Richtiges Würzen erhöht die Bekömmlichkeit unserer Speisen. Es genügen oft schon geringe Mengen an Kräutern und Gewürzen. Sie dienen nicht dazu, uns satt zu machen, sondern helfen unseren Verdauungsorganen, die Nahrung zu verdauen.

8.2 Rezepte

Die Rezepte zeigen Ihnen welche Zutaten verwendet werden sowie mit der Kochanleitung wie diese zubereitet werden. Bei den Zutaten wird neben den Mengenangaben auch die Wichtigkeit für die Therapie angezeigt. Wenn dabei angezeigt wird "weniger als angegeben" versuchen Sie diese Empfehlung einzuhalten oder eine Alternative aus der Liste der "Empfohlenen Lebensmittel" zu finden. Meistens ist es nur eine leichte geschmackliche Änderung wenn Sie diese Zutat gänzlich weglassen.

Schonende Kochmethoden: Kochen, dämpfen, pochieren, dünsten
Scharfe Kochmethoden: Grillen, rösten, anbraten, räuchern
Ausgeglichene Kochmethoden: Frittieren, Römertopf

Auf das Einfrieren und erwärmen in der Mikrowelle sollte verzichtet werden (Denaturierung).

8.3 Lebensmittel

Lebensmittel wirken wie Heilkräuter auf Körper und Geist, nur wesentlich sanfter. Die Ernährungsberatung stützt sich hauptsächlich auf heimische Lebensmittel. Das Wissen über die Wirkungsweisen jedes einzelnen Lebensmittels und das Wissen wann welche Lebensmittel zur Anwendung kommen, entstammt der Schulmedizin. Verwende Sie möglichst Erzeugnisse aus ökologischen-biologischem Landbau.

Da wegen der besseren Verdaulichkeit grundsätzlich alles lange gekocht und kaum roh gegessen wird, ist die Verträglichkeit hervorragend.

Die Einteilung der Lebensmittel entsprechend ihrer Wirkung auf den Körper und bildet die Basis, um einen ausgewogenen und harmonischen Gesundheitszustand im Körper zu erreichen.

Grundsätzlich empfiehlt die Ernährungsberatung keine bestimmten Lebensmittel für Jedermann. Ausschlaggebend für den individuellen Speiseplan ist vor allem die persönliche Konstitution.

Kaufen Sie nur frisches und reifes Obst und Gemüse ein. Braune Stellen, welke Blätter aber auch unreifes Obst und Gemüse sollten Sie im Supermarkt zurücklassen. Greifen Sie dann zu Tiefkühlware (keine Fertiggerichte!). Tiefkühlobst und -gemüse werden kurz nach dem Ernten schockgefroren und enthalten deshalb oftmals mehr Vitamine und Mineralstoffe, als die Ware aus der Obst- und Gemüsetheke! Konserven- und Dosenware dagegen enthält wesentlich weniger Biostoffe. Zudem werden Letztere meist mit Salz, Zucker usw. angereichert. Lassen Sie die Zutaten nach dem Waschen nie im Wasser liegen, denn so gehen viele Vitalstoffe ins Wasser über! Putzen Sie Salate, Früchte und Gemüse erst unmittelbar vor Verzehr.

Beachten Sie bitte die hygienische Verarbeitung der Lebensmittel. Waschen Sie Ihre Salate, Früchte und Gemüse gründlich. Bei Gerichten mit Fleisch bereiten Sie zuerst die Zutaten vor und verarbeiten dann die Fleischprodukte. Reinigen Sie danach die Arbeitsflächen und Werkzeuge besonders gründlich. Holzunterlagen sollten regelmäßig mit leichtem Desinfektionsmittel behandelt werden um die Keimbildung einzuschränken.

Bewahren Sie Obst und Gemüse möglichst getrennt voneinander auf. Auch geerntete Früchte und Gemüse leben und strömen z.B. Ethylengas aus, das andere Sorten schneller reifen und altern lässt. Fleisch und Fisch in der verschlossenen Verpackung lassen oder in luftdichten Boxen im Kühlschrank aufbewahren.

8.4 Kräuter

Bei der Aufbewahrung und Lagerung von Heilkräutern, müssen gewisse Grundregeln beachtet werden. Grundsätzlich müssen Heilkräuter geschützt vor direkter Sonneneinstrahlung, vor Feuchtigkeit und vor heißen Temperaturen gelagert werden.

Als Gefäße für die Lagerung von Heilkräutern können Gläser, Keramik-Behälter und zur Not auch Plastik-Dosen eingesetzt werden. Plastik ist aber ein sehr unreines Material und sollte daher wirklich nur eine kurzfristige Notlösung sein. Bei Glasbehältern ist darauf zu achten, dass dunkles Glas verwendet wird.

Heilkräuter können nicht beliebig lange aufbewahrt werden. Die Haltbarkeit von Heilkräutern ist auf jeden Fall begrenzt. Durch die Haltbarkeitsdauer kann durch sachgerechte Lagerung wesentlich erhöht werden. So soll der Lagerplatz dunkel, eher kühl und absolut trocken sein. Ein Medizinschrank aus Holz, der nicht direkt bei einer Wärmequelle platziert ist wäre ideal. Um Ihre Heilkräuter nicht wegwerfen zu müssen, kaufen Sie nicht zu große Mengen an Heilpflanzen. Beschriften Sie die Behälter mit dem Namen des Heilkrauts und dem Datum der Ernte bzw. der Verarbeitung.

9 Weitere Ernährungsvorschläge

Folgende Syndrome der Diätetik, der TCM oder als Therapieergänzung bei Krebs sind verfügbar.

DIÄTETIK

1. Ernährung des Säuglings - Beikost
2. Ernährung in der Stillzeit
3. Ernährung im Alter
4. Ernährung von Kindern und Jugendlichen
5. Ernährung von Sportlern
6. Leichte Vollkost
7. Schwangerschaft
8. Vollkost

Eiweiß und Elektrolyt – Nieren
9. (Hämo-)Dialysebehandlung
10. Akutes Nierenversagen
11. Chronische Niereninsuffizienz
12. Nephrotisches Syndrom
13. Nierensteine (Nephrolithiasis)

Gastrointestinaltrakt - Bauchspeicheldrüse
14. Akute Pankreatitis (Entzündung der Bauchspeicheldrüse)
15. Chronische Pankreatitis (Entzündung der Bauchspeicheldrüse)

Gastrointestinaltrakt - Dünndarm und Dickdarm
16. Akute Obstipation (Verstopfung)
17. Chronische Obstipation (Verstopfung)
18. Colon irritabile
19. Divertikulitis
20. Erworbene Laktoseintoleranz (Laktosemalabsorption)
21. Fruktosemalabsorption
22. Glutensensitive Enteropathie (Zöliakie)
23. Kolektomie
24. Kurzdarmsyndrom

Gastrointestinaltrakt - Leber, Gallenblase, Gallenwege
25. Akute und chronische Hepatitis (Entzündung der Leber)
26. Cholelithiasis (Gallensteine)
27. Fettleber
28. Leberzirrhose

Gastrointestinaltrakt - Magen und Zwölffingerdarm
29. Akute Gastritis
30. Chronische Gastritis
31. Magenblutung
32. Ulcus ventriculi und Ulcus duodeni
33. Zustand nach Magenoperation

Gastrointestinaltrakt - Mundhöhle und Speiseröhre
34. Mundschleimhautentzündung
35. Ösophaguskarzinom (Speiseröhrenkrebs)
36. Reflüxösophagitis (Sodbrennen)

spezielle Krankheiten
37. Phenylketonurie (PKU)
38. Rheumatische Gelenkserkrankungen

Stoffwechsel
39. Adipositas (Übergewicht)
40. Diabetes mellitus
41. Essstörungen (Untergewicht)
Fettstoffwechsel
42. Hypercholesterinämie (erhöhter Cholesterinspiegel)
43. Hepatische Enzephalopathie
Herz- und Kreislauf
44. Arteriosklerose (Arterienverkalkung)
45. Herzinsuffizienz
46. Hypertonie (Bluthochdruck)
47. Hyperurikämie und Gicht
veränderter Nährstoffbedarf
48. bei Fieber
49. bei malignen Erkrankungen
50. nach Verbrennungen
51. Strahlen- und Chemotherapie

KREBS
100. Bauchspeicheldrüse
101. Blasenkrebs
102. Blutkrebs (Leukämie)
103. Brustkrebs
104. Darmkrebs
105. Magenkrebs
106. Nierenkrebs
107. Speiseröhrenkrebs

TCM
200. Blase - Feuchte Hitze in der Blase
201. Blase - Feuchtigkeit und Kälte in der Blase
202. Blase - Leere und Kälte in der Blase
203. Dickdarm - äussere Kälte befällt den Dickdarm
204. Dickdarm - Feuchte Hitze im Dickdarm
205. Dickdarm - Hitze blockiert den Dickdarm II akut
206. Dickdarm - Trockenheit des Dickdarms
207. Dickdarm - Yang Mangel (Kälte)
208. Herz - Blut Mangel
209. Herz - Blut Stagnation
210. Herz - Feuer
211. Herz - Heisser Schleim verstopft die Herzporen
212. Herz - Kalter Schleim verstopft die Herzporen
213. Herz - Qi Mangel
214. Herz - Yang Mangel
215. Herz - Yin Mangel
216. Leber - aufsteigender Leber-Yang
217. Leber - Blut-Mangel
218. Leber - Blut-Stagnation
219. Leber - feuchte Hitze in Leber und Gallenblase
220. Leber - Feuer
221. Leber - Gallenblase Qi-Leere
222. Leber - Kälte im Lebermeridian
223. Leber - Qi-Stagnation

224. Leber - Wind
225. Leber - Wind mit aufsteigendem Leber Yang
226. Leber - Wind mit Blutleere
227. Leber - Wind mit extremer Hitze
228. Lunge - Qi Mangel
229. Lunge - Schleim-Feuchtigkeit in der Lunge
230. Lunge - Schleim-Hitze in der Lunge
231. Lunge - Schleim-Kälte in der Lunge
232. Lunge - Trockenheit der Lunge
233. Lunge - Wind-Hitze befällt die Lunge
234. Lunge - Wind-Kälte befällt die Lunge
235. Lunge - Yin Mangel
236. Magen - Blutstagnation
237. Magen - Feuer
238. Magen - Magenkälte mit Flüssigkeit
239. Magen - Nahrungsstagnation
240. Magen - Qi Mangel
241. Magen - rebellierendes Magen Qi
242. Magen - Yin Leere
243. Milz - Hitze und Feuchtigkeit befällt die Milz
244. Milz - Kälte und Feuchtigkeit befällt die Milz
245. Milz - Qi Mangel
246. Milz - Qi Mangel + Absinkendes MilzQi
247. Milz - Qi Mangel + Milz kontrolliert das Blut nicht
248. Milz - Yang Mangel
249. Niere - Herz und Niere kommunizieren nicht mehr
250. Niere - Jing Mangel
251. Niere - Nieren können das Qi nicht empfangen
252. Niere - Qi ist nicht fest
253. Niere - Yang Mangel
254. Niere - Yin Mangel

10 EBNS - Software für die Ernährungsberatung

Die Hauptaufgabe der Datenbank ist eine **„personalisierte Ernährungsberatung"** für jeden Patienten individuell. Die Datenbank wurde für die Diätetik und Traditionellen Chinesischen Medizin entwickelt. Sie unterstützt bei der Ausbildung und Beratung im Arbeitsalltag.

Das Computerprogramm liefert Listen von Rezepten, Zutaten und Kräuter, welche dem Klienten mitgegeben werden. Individuell nach Patienten-Wunsch von Vollkost bis Vegetarier (Lacto-, Ovo-, ...) einstellbar. Zu jedem Register gibt es ein INFOBLATT welches einmal dem Klienten mitgegeben werden kann.

Die Syndrome sind kombinierbar und ergeben eine Schnittmenge der empfehlenswerten Rezepte und Zutaten. Die automatisierte Diagnose für die TCM ermöglicht Ihnen während der Ausbildung Ihre Erfahrungen zu überprüfen sowie im Arbeitsalltag ihre Diagnose zu bestätigen. Sie wählen mehrere vordefinierte Symptome und lassen sich vom Programm die relevanten Syndrome automatisch anzeigen.

Wie Sie mit der Datenbank arbeiten können:
Sie können alle Werte verändern, neue Symptome oder Syndrome anlegen, Rezepte entwickeln, verändern oder Zutaten und Kräuter an Ihre Erkenntnisse anpassen. In der einfachen Klientenverwaltung werden alle relevanten Daten zu der Person gespeichert. Sie bekommen einen Überblick über die zurückliegenden Diagnosen und die Entwicklung des Krankheitsverlaufes.

Als Berater sparen Sie viel Zeit, wenn Sie für die erkannten Syndrome die Rezept-, Lebensmittel- und Kräuterlisten ausdrucken und den Klienten mitgeben. Diese Zeit können Sie für das persönliche Gespräch nutzen.

Alle Rezept- und Lebensmittellisten können Sie auch als Kombination mehrerer Erkrankungen bestellen. Mit der Datenbank können Sie außerdem für jedes Rezept die Nährstoffe und Spurenelemente angezeigt bekommen und Rezepte für Syndrome selbst mit vorgeschlagenen Zutaten entwickeln.

Weitere Informationen finden Sie auf http://www.ebns.at.
Josef Miligui, Tel.: +43 660 12 10 500